JN438481

그림책을 읽다

그림책을 읽다

남정언 수필집

수필과비평사

■ 작가의 말

저는 참 운이 좋습니다. 건강을 잃었을 때 운이 좋아서 살고 싶은 욕심이 생겼고, 사랑을 포기했을 때 운이 좋아서 평온을 느꼈으며, 부모님이 일찍 돌아가셨을 때 운이 좋아서 홀로 서는 힘을 키웠습니다. 생활이 어려웠을 때 운이 좋아서 미친 듯 공부하며 열심히 일했고, 무엇을 하면 좋을까 찾고 있을 때 정말 운이 좋아서 수필을 선택했으니 행운아라 할 수 있습니다.

수필이 참 좋습니다. 수필 쓰기를 잘했다고 생각합니다. 본질의 나를 찾아 홀로 집중한 시간 덕에 아픔을 치유하고 있습니다. 첫 수필집 내기가 사실은 두렵습니다. 그래도 제 이름으로 만들어진 책 한 권 갖고 싶었던 꿈을 이루었습니다.

《그림책을 읽다》는 어머니와 아이들, 새로운 길과 성찰하는 거울, 주변 사람들의 이야기를 담았습니다. 수필을 쓰면서 절망과 교만, 허세와 부끄러움을 알았습니다. 잃은 것과 버린 것을 되살리는 길은 오로지 기도와 실천이라는 것을 깨달습니다.

농부로 비유하면 저는 겁 없는 새내기입니다. 호미나 삽도 없이 열 손가락만으로 무엇이 있는지 궁금해 이리저리 글밭을 헤집어 놓은 모양새가 되었습니다. 글밭에서 수확한 작물 중에 상품이 나오기를 애를 썼습니다만 생각이 얕은 글만 수두룩합니다. 앞으로 너그럽고 사유 깊은 글을 많이 묶어 더 좋은 수필집으로 거듭나겠습니다. 부디 제 글을 읽고 넓은 아량으로 격려해 주시길 바랍니다.

《그림책을 읽다》로 저의 신실한 마음을 주위에 전할 수 있어 다행입니다. 수필에 빠진 막냇동생을 응원해 주는 언니 오빠들께 감사드리며, 부족한 제자를 높은 품격으로 이끌어 주시는 스승님께 고개 숙이며, 다정한 문우님들과 기쁨을 나누겠습니다. 표지 그림을 그려 준 어여쁜 제자에게 고마움을, 더불어 우리 가족에게 한없이 사랑하는 마음을 보냅니다.

2018년 음력 시월

쇠미골에서 남정언

■ 차례

2부

아망오

3부

공룡을 찾아서

4부

천 개의 수필

1부
그림책을 읽다

나이가 지천명이면 어떤가. 또 칠순, 구순이면 어떠한가. 가장 순수한 아이였을 때 말도 글도 모를 적 유일한 지지자인 부모와 함께 마음을 나누던 책을 어찌 사랑하지 않을 수 있겠는가.

고븐 흙터

그해 여름에는 해그림자가 유난히 짧았다. 언니 오빠와 함께 어둠이 다가오는 골목에서 무더위를 마다하고 뛰어놀고 있었다. 생전에 어머니는 그 여름날을 오래도록 기억하고 가슴에 묻어놓은 이야기를 한 번씩 끄집어내곤 했다. 그럴 때면 다 큰 나는 거울에 비친 내 얼굴을 살펴보았다.

세 살 적이었다. 집 앞에서 언니와 함께 과자를 먹고 있는데, 우리 동네 남자애가 과자를 좀 달라고 했다. 과자를 나눠주지 않자 그 애는 화를 내며 돌멩이를 던졌고 정통으로 내 이마를 맞혔다. 하필이면 돌멩이가 뾰족한 사금파리였다고 언니가 후일 말해 주었다. 그 무렵에는 성형외과가 많이 없던 터라 급하게 외과에서 상처를 꿰맸다. 골목에 피어 있던 유홍초 빨간 별꽃이 떨어지듯 어이없이 생긴 상처가 흉터로 남아버렸다.

집안 어른들이 난리를 부렸다. 여자아이의 미간에 상처를 내었으니 남자애 집에서 책임을 져야 한다고 했다. 얼굴 흉터는 관상학적으로 좋지 않으니 나중에 두 아이를 결혼시켜야 한다며 동네 어른들은 양쪽 부모를 은근히 놀려댔다. 부모 처지를 이해하는 어머니는 모질게 따질 수 없었다. 어려서 별다른 생각 없던 나는 옆에서 배시시 웃었다고 한다. 돌을 던졌던 아이를 학교에서 만나도 아무렇지 않게 대했지만, 그 애는 초등학교를 졸업할 때까지 나를 피해 다녔다. 골목에서 놀아도 우리 집 근처에 절대 오지 않았다. 무심코 던진 돌에 재수 없게 상처가 났다고 여기면 그만이지만 어른들은 그게 아니었나 보다.

세월이 지나면서 흉터는 얼굴 크기와 비례해 자라났다.

손가락 반 마디로 늘어난 흉터를 볼 때마다 "하필 얼굴에 돌을 맞아서…." 하며 앓는 소리까지 했지만 세 살 이전의 얼굴로 되돌릴 방법은 없었다.

결혼 적령기가 되자 병원에 갔다. 성형외과 선생님은 재수술해도 가느다란 자국이 남는다고 했다. 차라리 안경을 끼고 다니면 흉터를 가릴 수 있을 거라 조언해 주었다. 이런저런 이야기를 들을 때마다 성형병원이 드물었던 시절 탓으로 돌렸다. 세상일은 내 마음대로 되지 않는다는 느낌이 들었다.

스물다섯 살부터 맞선을 보았다. 여자 얼굴에 흉터가 있으면 결혼생활이 순탄하지 않는다는 속설 때문에 주변 어른들이 걱정하셨다. 그때마다 나는 분명하게 말했다.

"내 얼굴에 결점만 찾아내는 사람하고는 결혼 안 할 거예요."

맞선 본 지 삼 년 만에 내 아픔을 트집 잡지 않는 남자를 만났다. 당시로는 조금 늦은 나이에 결혼했다. 그 남자는 첫 만남부터 얼굴 흉터를 보고 아무 말 하지 않았다. 지금까지 흉터 이야기는 한 번도 꺼내지 않았다. 침묵의 깊은 배려가 고맙지만, 아내의 얼굴에 대해 한 번도 말하지 않는 게 무관심이 아닌가 여겨질 때도 있다.

무슨 일이든 생각하기 나름이다. 원망을 가라앉히면 모난 성격도 둥글둥글해진다. 신체적인 흠도 애정을 갖고 오래 마주 보면 괜찮아 보인다. 겉으로만 신경을 쓰는 삶은 흔들리기 쉽다. 겉에 보이는 상처나 숨어있는 상처를 따뜻하게 깊이 보는 눈이 필요하다. 왜 그리되었는지, 어쩌다 상처로 남았는지, 보이지 않는 아픔까지 보듬어 주는 여유를 가져야 한다.

문득 나는 세상에서 가장 인상 좋은 얼굴을 만들어보겠다고 결심했다. 내 탓을 남의 탓으로 돌리려는 엉킨 가슴을 풀어보리라. 원래대로 갈 수 없는 상황이라면 처음처럼 시작해 보리라. 행복은 내가 만드는 대로 나타나는 것이 아닌가.

좋은 인상 만드는 법을 적은 책을 샀다. 거울 앞에서 허리를 펴고 고개를 들고 자신감 넘치는 밝은 표정을 지었다.

축하할 일이 생겼다는 상상을 하며 입꼬리를 살짝 올렸다. 얼굴 전체가 활짝 웃는 하회탈처럼 되도록 연습했다. 몸짓은 자신 있게, 마음은 당당하게 살겠다며 하루에 수십 번씩 눈빛 미소를 지었다. 일주일에 한 번은 자원봉사하겠다고 약속했다. 봉사 활동은 밝은 미소를 실천하기에 더없이 좋은 환경이었다. 그렇게 세월이 지난 요즈음 내 얼굴을 본 사람들이 인상 좋다고 말한다. 마음 나누기를 한 나름의 노력에 결실이 이루어지나 보다.

인도인들은 양미간에 '제3의 눈'이 있다고 여긴다. 이마는 숨겨진 지혜의 자리이기에 인도 여성들은 물방울이라는 뜻의 '빈디' 점을 미간에 일부러 붙인다. 빈디가 복을 가져다준다고 믿기 때문이다.

석굴암에 갔을 때 부처의 이마에 수정 백호를 보았다. 이마에 있는 수정 자리가 부처님의 흉터라는 느낌이 들었다. 나와 같은 자국을 갖고 있다는 사실에 적이 놀랐다. 부처님과 같은 이마에 어떤 자국이 있다는 게 위안이 되었다. 내 흉터가 세상 이치를 깨달으며 살아가라는 징표라 여기기로

했다. 지혜의 표시를 세 살에 얻었으니 우연이 아니라 필연일 수도 있겠다. 겸손하고 밝게 살라는 소명을 미리 받은 것이니 소중하게 여겨야겠다는 생각마저 들었다.

나로 인해 한숨짓던 어머니는 스무 해 전에 하늘길로 떠나셨다. 부모 관점에서 화를 낼 수 없었다고 생전에 한 말씀이 이제 이해가 된다. 누구나 크고 작은 아픔을 지니며 살아가기 마련이다. 내 상처가 아프다면 타인의 상처 또한 아프다. 하지만 남이 만든 상처도 간직하고 살아가야 한다. 상처로 남느냐, 빈디가 되느냐는 오롯이 자신에게 달렸다.

흐르는 세월 따라 내 얼굴에도 살이 올랐다. 고운 주름살을 가지고 싶은 나이가 멀지 않았다. 요즈음 거울을 보면 흉터가 주름살로 보일 때가 있다. 지울 수 없는 흉터로 남아있어야 한다면 조금은 잘 살았다는 징표로 보이면 좋겠다. 나는 종종 거울 앞에서 '고븐 주름살이 되어라.' 하며 마음속으로 주문을 걸곤 한다.

탯줄

초록 비가 내린다. 태실이 보슬비를 맞으며 들숨과 날숨을 쉰다. 흰 돌로 정비되었을 기둥은 세월에 닮아 변해가고 있다. 태실의 부도탑은 비를 머금어 옭은 먹빛으로 보인다. 고적하다. 누군가를 그리워 마음을 내어 천천히 태실을 돌아본다.

경북 성주군 월항면 인촌리에 있는 세종대왕자태실은 왕자를 낳은 어머니 태를 고이 모셔놓은 깨끗한 기운이 흐르는 곳이다. 풍수지리를 모르는 사람이 봐도 왕궁의 태실은 어머니의 자궁처럼 둥글게 솟은 지형으로 숭고미가 우러나

온다. 무덤과는 또 다른 태실, 주위를 감싸고 있는 붉은 소나무와 녹색의 먼 산은 사방팔방을 지키는 보호신으로 여겨진다. 가만히 태실 앞에 서 있기만 하여도 올연兀然해진다.

성주는 육가야국의 하나인 성산가야국이다. 신라에 멸망해 본피현과 신아현으로 불리다 성산군으로 되었다가 조선조에 성주군으로 개칭되어 최근까지 참외로 유명한 곳이다. 그 성주에 내가 제대로 알지 못했던 청정한 태실이 오래전부터 있었다.

우리 어머니는 성주 배씨, 구슬 옥 자, 난초 란 자를 쓰던 분이셨다. 일본 교토에서 태어나 열여섯 살까지 중학교에 다니다 태평양전쟁 중에 귀국하셨다. 일본에 거주하던 조선인들이 연락선을 탈 때 외갓집 식구들은 목숨을 걸고 나오셨다고 한다. 외할아버지는 성주 배씨라 하여도 성주에 터를 잡지 않고 낙동강이 흐르는 원동 배내골에 자리를 잡으셨다.

생전에 어머니는 아이를 좋아하셨다. 골목에서 아이들이

티격태격 싸울 때 누구 편을 들지 않고 화해하기를 기다리셨다. 해 질 녘까지 논다고 고래고함으로 아이를 불러대는 어른들을 창피하게 여기던 어린 시절에 자발적 귀가를 바라며 잔소리를 하지 않았다. 친구들이 놀러 오면 먹거리를 새로 만들어 내 아이와 남의 아이를 구별하지 않고 공평하게 나누어 주는 행동이 가장 좋았다. 어른이 되어 결혼한다면 어머니 같은 사람이 되고 싶었다.

해가 긴 여름 방학이면 아침마다 언니 오빠와 나까지 만화방에 보내 주었다. 만화책을 보고 빌려오라 해서 친구들이 무척 부러워했는데 나중에 알고 보니 어머니가 만화책으로 한글을 배우고 있었다. 일본어는 잘하지만, 우리말이 완벽하지 않아서 말을 아끼셨던 것 같았고, 한글 받아쓰기 연습을 나와 같이한 시간이 많았다.

그런 어머니에게 단 한 번, 대들며 악을 쓴 적이 있었다. 건강에 자신 없었던 여고 시절, 나는 과연 살아서 무엇을 할 수 있을까 하는 불꽃 분노가 일었다. 이야기를 들어줄 사람이 엄마밖에 없어서 왜 나를 낳았느냐고 물었다. 어머니는 그냥 생겨서 낳았다고 하셨는데 "그냥이 어디 있냐고 그냥이~." 하며 꺽꺽 울었다. 나는 몇 년 동안 대학병원에서 수술해도 목 염증과 고름 주머니 제거 외엔 병명이 나오지 않는 목병을 앓고 있었다. 수술을 거듭했는데 이유 없이 재발해서 의사 선생님마저 지쳐 갈 때 이웃 사람들은 굿을 해봐라, 한의원 침과 약을 써보라며 방법을 알려 주었다. 막내딸의 건강을 위해 한약이 끊어지지 않았고, 주술의 힘으로 비손하며, 급기야 영산굿까지 하면서까지 내 생명의 끈을 놓지 않았다. 주변에서 재발하는 목병은 결국 죽을 거라며 대놓고 말했다. 어쩌면 내 목숨은 분명 거기까지였을 것이다.

그 시절에 어머니는 하숙을 치고 있었다. 팔 남매 중 네 명만 결혼했고, 학교에 다니던 오빠들과 언니, 나의 학비와 생활비는 근근이 되었지만 해가 갈수록 쌓이는 병원비와 수술비, 약값까지 감당하기 힘들었다. 목이 나을 수만 있다면 얼마나 좋을까. 혼자 기도를 하며 몸에 흉터가 있어야 생명줄을 연장하고 산다는 사주四柱를 믿고 싶었다. 막연하게 집 한 채 팔아 큰돈으로 황금 목을 만들어 사람 목에 부속품을 바꿔 끼우듯 거뜬하게 일어나고 싶었다.

프리다 칼로처럼 여러 번 수술에도 불구하고 꼭 살아나서 몸을 곧추세우고 싶었다. 6시 10분으로 기울어진 내 목을 6시 정각으로 만들고 싶었다. 살고자 하는 본능만 남은 딸을 위해 어머니는 결국 집을 팔았다. 내 질긴 목숨은 어머니의 용감한 결정 덕분에 다시 호흡을 공급받았다. 그 후로 어머니와 3년 넘게 새벽기도를 다녔다. 고결한 어머니의 기도가 틀림없이 하늘에 닿았을 터이다.

세상의 모든 사랑은 모성에서 시작하여 모성에서 끝난다고 하여도 과언이 아니다. 어머니에게는 아기가 탄생하는 순간부터 건강하게 자생하기를 바라는 염원이 가득하다. 생명을 지켜내려는 힘은 시공간을 건너뛰어 왕위나 권력도 무상하게 만들지 않은가. 조선 세종의 왕자 19기의 태실을 향해 붉은 송림 가지도 생명을 지키고자 둥글게 모여들어 성스러운 모습으로 보인다.

성주 태실문화관은 생명 문화의 성지로 자리매김한다. 생명존중의 자긍심을 지키는 태장 문화는 오늘날 생명을 경시하는 순간적인 실수를 되돌려 생명의 탄생을 진지하게 지켜내라는 묵직한 소리로 울린다. 부모와 자식을 잇는 줄로, 결코 떨어질 수 없는 하늘의 인연으로 아기 탄생의 울음소리는 대물림의 역사로 계속될 것이다.

어머니는 성주 배씨라 해도 성주에 와본 적이 없다. 나 역시 처음으로 태실 앞에 서 있다. 어머니가 하늘나라 영락공원으로 가신 지 이십 년이다. 나는 어디에서 와서 어디로 가고 있는지 곰곰이 생각해 본다. 사람은 사람으로 인해 사람이 되어 가듯 어머니가 이어준 생명의 줄은 눈에 보이지 않지만, 가슴에 파동이 일어 출렁거린다.

태실 앞에 서 있는 그때, 일본 여행을 떠난 딸이 카카오톡으로 교토 사진을 찍어 보내왔다. 교토는 한적한 숲길이 있는 고풍스러운 도시다. 할머니가 태어난 안태고향을 손녀가 가서 보고 느끼고 있다. 교토 어느 집에 살았는지 모르지만, 교토라는 지명만 들어도 내 입술은 짭조름한 바다 물맛을 느낀다.

나의 태실은 곧 어머니다. 지금도 어머니는 거북산으로 둘러싸인 공원에서 변함없이 나를 반겨주신다. 평범하게 살았던 어머니의 뼈는 맑은 백자 도자기 함에 담겨 봉안되어 있다. 내 탄생의 순간인 생의 시작이 어머니의 삶을 마감한 끝자락과 면면히 이어져 나도 모르는 사이 아이를 좋아하셨던 어머니 유전자를 닮아가고 있다.

딸은 집에 오면 할 이야기가 많다고 한다. 다 들어줘야 한다고 한다. 딸이 태어났을 때 배꼽에서 떨어져 깨끗이 말려 간직해 둔 탯줄을 꺼내본다. 손바닥에 올려놓고 가만히 바라보다가 사진을 찍는다. 답장으로 탯줄 사진 한 장을 보낸다.

그림책을 읽다

나는 그림책을 좋아한다. 주변 사람들이 그 나이에 유치하게 그런 책을 보느냐고 하지만 아랑곳하지 않는다. 아이들이 어렸을 때 서점에서 그림책을 집으면 겉으로 태연한 척하지만, 심중으로는 내가 더 좋아하지 않았던가. 지금도 새로운 그림책이 나오면 얼른 인터넷 도서 장바구니에 담아두었다가 다른 책들과 함께 구매한다.

글자가 적어 좋다. 그림책을 그린 작가의 의도와 다르게 맘대로 해석할 수 있어서 육아에 도움이 되었다. 아이가 옷 투정을 부리면 어느 그림책에 네가 입은 옷과 똑같은 색깔

옷이 있다거나, 골고루 음식을 먹지 않을 때면 키가 자라지 않는다는 그림 이야기를 읽어주었다. 어느 수필가는 아기를 보는 것은 글자 없는 책을 읽는 것과 같다고 말하는데 크게 머리를 끄덕인다.

특히 나는 앤서니 브라운의 그림책을 좋아한다. 책의 내용과 그림을 본 사람이라면 누구나 좋아할 만한 작가다. 그의 책 중에 《돼지책》을 애독하고 있다. 주인공 가족은 아주 중요한 회사에 다니는 피곳 씨와 아주 중요한 학교에 다니는 아들 둘이 있는데 이들은 집에서 아무것도, 정말 아무것도 하지 않는다. 집안일은 모두 엄마 몫일뿐이다.

회사 일과 집안일을 하느라 힘든 엄마가 어느 날 "너희들은 돼지야!"라는 쪽지를 남기고 집을 나간다. 집에 돌아오면 돌봐줄 사람이 없는 세 남자는 먹기만 하고 치우지 않는다. 책을 한 장 한 장 넘길 때마다 물건과 벽지에 돼지 문양이 늘어가다가 결국 온 집안 물건이 돼지로 변해간다. 세 남자도 진짜 돼지로 바뀐다. 얼마 후 엄마가 집으로 돌아오고 가족들은 집안일을 분담한다. 엄마는 잃어버렸던 여유를, 가족들은 유대감을 갖게 된다는 마지막 이야기보다 돼지로 변해가는 과정을 그림 속에서 하나씩 찾아내는 맛을 느끼게 해주는 책이다.

나는 본대로 배운 대로 실천을 해본다. 가족들에게 은근히 이 책을 읽도록 요구했더니 집안 분위기가 말없이 바뀌기 시작했다. 아들은 마스크를 끼고 음식물과 재활용품 분리수거를, 딸은 설거지와 청소를, 남편은 TV 리모컨 돌리는 시간을 줄이고 집안에 손볼 것을 찾아내었다. 가족의 솔선수범은 기대 이상의 효과를 거두었다. 그림책 한 권이 큰 변화를 가져올 수 있다는 사실에 놀랐다.

아들이 사춘기였을 때였다. 얼굴에 여드름꽃을 활짝 피웠다. 무엇이 제 마음에 들지 않는지 이유 없이 삐졌다. 누구와 말하기가 싫은지 방문을 잠갔는데 어디로 튈지 모르는 시기라 마음의 문마저 닫아 버릴 것 같아 내 가슴이 먼저 '쿵' 하고 내려앉았다. 아들과 함께할 수 있는 것이 없을까 고민했다. 책 읽기를 좋아하는 아이니 함께 책을 읽으면 공감대가 생기지 않을까 하는 생각이 번쩍 들었다.

몇 달 동안 공을 들였다. 나는 "일주일에 한 번, 친구들과 함께 책을 읽자."라며 제안했고 아들은 마지못해 수락했다. 먼저 아들 친구들과 책을 정해서 읽고, 주인공과 자신을 비교하면서 현실과 견주어 보았다. 또 독후 활동으로 감상문을 쓰는 훈련을 계속했다. 물론 우리나라 그림책 중에서 《백두산 이야기》나 《강아지 똥》, 《노란 우산》 등을 밑바탕으로 깔고 《시리 동동 거미 동동》, 《고릴라》와 《종이봉지 공주》, 《생각을 모으는 사람》 같은 책을 목록에 넣었다. 어색해하던 아이들은 용기를 내어 자기 생각을 말해 주었다. 그림책에서 느끼는 여유와 글 내용에 담긴 평등을 이해하며 사춘기 특유의 말투와 행동이 편안해지기 시작했다. 독후감을 쓰면서 문맥이 맞지 않아 고민하더니 나중에는 즐기는 여유까지 보여주었다.

이러한 과정에서 아이들은 어른 못지않게 성적이나 부모의 기대치, 친구 관계, 취미나 용돈 문제로 고민하는 것을 알았다. 하지만 부모와 대화를 단절한 채 자기가 원하는 소정의 목적이 있을 때만 말을 한다는 안타까운 아이도 있었다.

알고 보면 아이들은 힘들다. 일 년에 네 번 치르는 내신 시험 결과를 보면서 그들 나름대로 고민이 많다. 몇 등 안에 들면 무엇을 사 주겠다는 보상조건을 내거는 부모보다 수고했다며 다음에 더 잘할 수 있다고 격려하는 부모가 분명 더 많을 터이다. 가정의 화목은 어느 한 사람의 희생으로 이루어지지 않고 부모의 강요로도 만들어지지 않는다. 가화만사성家和萬事成이라는 말은 쉽지만, 실천하기는 어렵다. 가족 간의 노력과 관심, 상생하려는 배려가 있어야 가능하다.

자연을 보듯 여백이 가득한 그림책을 읽으며 아이의 얼굴에서 무자서無字書를 느낀다. 굳이 독서 대상 나이를 구분할 필요는 없다고 생각한다. 어려운 인문 사회 철학책을 읽는 것이 바람직하고 두꺼운 책을 읽는 것도 모양새가 난다. 그러나 아이가 자라 학교를 졸업하고 어른이 되고 다시 할머니 할아버지가 되어도 그림책은 변함이 없다. 무엇을 하려는데 나이와 체면이 중요하지 않다고 본다.

나이가 지천명이면 어떤가. 또 칠순, 구순이면 어떠한가. 가장 순수한 아이였을 때 말도 글도 모를 적 유일한 지지자인 부모와 함께 마음을 나누던 책을 어찌 사랑하지 않을 수 있겠는가. 사람으로 배워야 할 가장 기본적인 교육은 이미 어린 시절에 이루어진다. 아이를 키우는 것이 육아育兒이듯 그림책이 나에겐 육아育我가 되었다.

나는 지금도 그림책을 진지하게 읽는다.

모소 대나무와 닭장

하동 평사리 토지 문학관 입구다. 여러 가지 특산물을 파는 가게 중, 유독 한 집에 싱싱한 초록이 감도는 죽제품이 눈에 띄었다. 대나무로 만든 튼튼한 컵이다. 대나무 종류는 맹죽이다. 맹죽과 같은 말이 모소 대나무다. 중국 극동지방에서만 자생하는데 보통 대나무와 특이하게 다르다. 농부들이 씨를 뿌리고 기다려도 바로 싹이 바로 올라오지 않는다. 심지어 싹만 틔워놓고 몇 년 동안 전혀 자라지 않는다. 그러다 사오 년이 되는 어느 날에 갑자기 자라기 시작해서 하루 한 뼘 이상, 육 주 만에 15m 이상 자라나서 별안간 울창하고 빽빽한 대나무 숲을 이루어 내는 연구 대상의 나무다.

모소 대나무는 자신을 감추고 미래를 준비한다. 오랜 시간 땅 위에 싹을 내지 않고 숨어만 지낸다. 오로지 온 힘을 뿌리에, 뿌리로만 수십 미터 땅속 깊이 내려가 힘을 키우는 독특한 나무다. 그러다 때가 되면 힘차게 뻗어 나갈 수 있도록 시간으로 무섭게 인내하는 나무다. 뿌리가 땅속 깊이 심을 박아 절대 흔들리지 않는 때라 판단이 서면 비로소 자신의 싹을 틔우기 시작한다.

고속 영상으로 모소 대나무가 성장하는 장면을 보면서 나는 그녀를 생각했다. 우리가 처음 만났을 때 그녀는 세 살이었다. 아들과 같은 나이였는데 여느 아이들보다 키가 한 뼘은 더 컸고, 유난히 하얀 피부를 가진 조용한 아이였다.

소문에 의하면 운동을 한다고 했다. 단거리 육상을 했는데 배구 코치의 예리한 눈에 발탁되어 배구가 사춘기 첫사랑이 되었고, 배구를 위해 초등학생부터 부산에서 목포로 가서 고등학교를 졸업했다. 지금까지 들은 이야기를 종합

하면 그녀는 진짜 배구를 사랑하는 선수가 되었다.

그녀는 배구 선수이다. 그러나 배구 선수의 키가 174cm에서 멈추었다. 또래 여자 키에 비교하면 큰 편이지만, 프로배구 세계에서 특히 공격수로서는 아주 불리한 단신 선수일 뿐이었다. 그녀는 외국 용병 선수와 포지션이 겹치는 선수였다. 특별한 주무기가 없었고, 주전으로 나가지 못해 4년을 '닭장'이라 불리는 선수교체 대기 공간에서 무명 선수로 살았다. 주전 선수는 경기에 나가지만 후보 선수들은 감독이 부를 때까지 기다리는 교체 대기 공간을 '닭장'이라 부른다. 공간은 좁고 후보 선수는 많아 숨이 막히는 그곳에서 그녀는 탈출하지 못해 서럽게 울었다. 실력이 부족해 가슴을 때리기도 했다. 눈물이 여름날 홍수처럼 범람했지만 참고 또 참으며 연습했다.

그녀는 닭장의 선수 중에 나이가 많았다. 작년에 앞으로 딱 1년만 더 해보고 앞길을 결정하겠다고 마음을 다졌다. 어쩌면 미래에 후회하지 않으려고, 배구를 포기하지 않으려고 희망을 품고 끝까지 버텼을 터이다. 주전 선수로 뛰는 그날을 기다렸으리라. 아니 주전 선수로 영원하지 않더라도 배구인으로 살고 싶은 소망을 간절히 기도했을 것이다. 그래서 나는 그녀가 예쁘다. 더욱 그녀에게 마음이 건너간다.

그녀가 프로배구 서브 여신이 되었다. 직사각형 코트 왼쪽 뒤편에서 커다란 아크를 그리며 힘차게 달려와 때리는 왼손 서브는 실패하는 일이 없었다. 그녀는 코트 바깥에서 온몸을 공처럼 만들며 뛰어나온다. 두 눈 시선을 어느 한곳에 두지 않아서 상대편의 허를 찌른다. 키 작은 약점에 몸을 흔들며 상대편을 위협하는 왼손 공격이 강력 서브를 채찍으로 휘감는 서브가 되어 전문가들은 '돌고래 서브'라고 높이 평가한다. 그녀는 소속팀을 살려내는 자타 공인 서브의 여왕이 되었다. 나는 그녀 때문에 배구에 관심을 조금 더 가지게 되었다.

그녀의 어머니 역시 소박한 사람이다. 작년에 내가 다니는 절에 놀러 온 적이 있었다. 사월 초파일이 가까워져 오고 있을 때라 봉투에 주소를 적는 작업을 하고 있었다. 정성을 다해 반듯한 글씨로 꼼꼼하게 주소를 적어주는 마음이 맑은 여인이다. 몸이 불편한 아이를 돌보는 초등학교 기간제 교사, 자식을 위해 조용히 기도하는 어머니이며, 천명을 기다리며 인내하는 그녀의 어머니는 나와 여고 동창이다.

운동하는 자녀를 둔 부모는 사실은 불안하다. 몸을 다칠 수 있고, 직업인으로 생명이 길지 않을 수도 있어 마음을 놓을 수가 없다. 또 은퇴 후에는 무엇을 해야 하나 고민이 많다. 우리는 그날, 세상살이에 준비하지 않았음을 탓할 뿐, 준비하는 시간을 탓해선 안 된다는 이야기를 나누었다.

일찍 피는 꽃은 예쁘다. 그러나 늦게 피는 꽃은 더 아름답다. 십 대에 꽃처럼 빛나는 사람이 있는가 하면 이십 대, 삼십 대를 건너 오십 대에 빛나는 사람을 종종 만난다. 더구나 노년의 저력을 보여주는 끈기 있는 사람들도 있지 않은가.

우리 주위에 자신의 성장을 위해 매일 물을 주고 기다리는 이들이 많을 것이다. 어쩌면 모소 대나무는 우리에게 기다림의 인내를 배우라고 에둘러 말해주는 나무가 아닐까. 누구나 인생에서 빛나는 때가 있을 터이다. 비록 이 순간이 아닐지라도 모소 대나무를 보며 기다림의 미학을 배워야 하지 않을까.

모소 대나무의 성장은 폭발적이다. 보이지 않는 시간을 뿌리 깊게 내려 삶의 자양분을 차곡차곡 모아내는 집중력 또한 무섭다. 그녀에게 미래를 위해 참고 준비했던 닭장에서의 기다림은 있어야 했을 것이다. 자신을 당당하게 만들 수 있었던 무명 선수의 시간은 자기 사랑이 완성되기 위해 꼭 필요한 시간이 되었으리라.

생명의 힘을 키워낸 그녀. 오래 인내한 그녀가 예쁘다. 그녀는 바로 문정원 선수이다. 올해는 그녀만의 모소 대나무가 폭발하듯 성장하는 시기가 되기 바란다.

아름다운 그녀여. 배구를 영원히 사랑하는 배구인으로 거듭 태어나라.

마음의 눈

보인다. 아침 해가 소리 없이 방안에 들어와 있다. 가늘게 실눈을 만들어 벽에 걸린 시계를 본다. 시계의 분침, 시침이 선명하다. 째깍거리는 소리가 더 크게 들린다. 햇살이 반가운 만큼 갑자기 어젯밤 콘택트렌즈를 빼지 않고 잠이 들었나 의심하다 감탄사를 던지며 놀란다. 방안을 둘러보니 모든 게 환하다.

다 보인다. 부유하는 먼지가 햇빛에 힘을 얻고 있다. 책꽂이에 꽂힌 책 제목은 가까이 가지 않아도, 달력에 작은 글씨로 인쇄된 음력 날짜까지 다 보인다. 안경을 끼지 않고,

렌즈 도움 없이 신문을 편하게 읽는다. 아, 새로운 세상이 바로 이런 것이구나.

얼마 전에 나는 신생아의 눈으로 다시 태어났다. 일 년 중 가장 초록이 아름다운 계절에, 연두와 초록빛이 짙어 녹색이 가득한 푸른 산을 보는 기쁨을 실컷 누리고 있다. 자연만 보는 게 아니라 덤으로 사람 얼굴과 눈동자까지 들여다보며 그들의 속마음까지 읽고 싶어진다.

참 특이하게 생겼다. 태어날 때부터 내 안구는 럭비공 모양으로 길쭉하게 생겨 고도근시에 약한 시력이었다. 수정체가 혼탁한 데다 노안으로 백내장 증세까지 나타났다. 물방울 다루듯 소중한 눈이 몸 건강 전체를 기준으로 보면 내 괴로움의 원천이었다. 라식, 라섹, 렌즈 삽입 수술 모두 안 되는 귀한(?) 눈을 가진 터라 제대로 보이기만 한다면 더 바랄 게 없을 텐데 하면서 체념하고 살았다.

안경잡이라고 놀려도 좋았다. 보이기만 한다면 두꺼운 근시 안경을 꼈다고 누가 뒷말을 해도 상관하지 않았다. 악조건의 눈을 가지고 삶이 끝나는 날까지 신문과 책을 읽는 것이 간절한 소원이었는데 콘택트렌즈를 낀 지 삼십 년이 넘자 시력은 갈수록 나빠져 갔다. 나는 나만의 맞춤 치료를 고대하고 있었다.

수술이 최선이란다. 백내장 수술에 인공수정체 삽입을 해야 교정시력이 나온다. 그래야 편안하게 책을 읽을 수 있단다. 눈꺼풀을 고정해 각막을 둥글게 깎아 뚜껑을 열고, 백내장을 걷고, 혼탁했던 수정체를 빼내었을 때 잠시 암흑이었다. 수술대 위 불빛도 사라져 버려 아무것도 볼 수 없는 캄캄한 밤이었다. 무엇을 어찌할 수 없는 칠흑의 어둠이었다.

감사하게 수술은 성공이었다. 인공 수정체가 눈에 들어오자 불빛이 보이기 시작했다. 수술실 천장에 맑은 하늘이 보인다. 신생아 눈만큼 세상을 깨끗하게 바라볼 수 있는 희망을 선물 받았다. 15분 만에 안경보다 렌즈보다 밝게 보이는 수술을 하면서 미안하고 부끄러워 눈물이 줄줄 흘러나왔다.

J가 생각났다. J는 27년을 이렇게 살아왔구나. J에게 부

끄럽지만 용서해 달라는 말을 해야겠다고 결심했다. J는 일급 시각장애인이다. 밤을 새우고 판타지 소설을 쓰는 꿈 많은 맹학교 여중생일 때 나와 만났다. J의 꿈은 시각장애인을 위한 소설을 쓰는 작가였다. 오래전 나는 너의 경쟁 대상은 장애인이 아니라 비장애인이기 때문에 무엇을 하더라도 야무지게 해야 한다고 강요했다. 특히 한글 맞춤법이나 띄어쓰기, 외래어 표기법을 강하게 숙지시켰다. 그때는 그렇게 하는 것이 내가 할 수 있는 최선이라 생각했다.

수술하면서 흘러나오는 눈물이 멈춰지지 않았다. 가슴 깊이 부끄러운 마음을 사과해야 했다. J에게 우리 삶의 경쟁 대상은 장애인도 비장애인도 아닌 오로지 나 자신뿐이라는 것을, 세상을 제대로 볼 수 없던 혼탁한 수정체가 깨끗하게 바뀌는 찰나, 너무 늦게 J의 아픔을 깨닫게 되어 미안하다는 말을 하고 싶었다. 까탈스러운 나 때문에 얼마나 힘들었을까. 당장 달려가 두 손을 잡고 진심으로 용서를 구하고 싶었다.

지혜로우면 삶이 자유로워진다. 삶에서 필요하지만 불충

분한 조건을 받아들이는 자세가 필요하다는 걸 알고는 있다. 내면의 눈을 뜨고 무엇이 있는지 감싸 안아야 하는데 제자리걸음으로 맴돌며 본질을 깨닫지 못하며 살아가고 있는 것은 아닐까. 우매한 눈으로 대상을 진정으로 알아보지 못하는 잘못을 하지 않았나 자꾸 반성하게 된다. 겸허하게 마음의 눈을 뜨고 싶다.

한때 나는 교만했다. J를 만난 이유 하나만으로 헬렌 켈러의 눈과 귀와 언어, 삼중 장애를 극복하게 도와준 설리번 선생님을 꿈꾸었다. 헬렌이 쓴 〈사흘만 볼 수 있다면〉을 읽었다. 헬렌은 자신의 삶을 가치 있게 만들어 준 친구와 선생님, 동물을 보고 싶었고, 낮과 밤이 바뀌는 자연 변화를 보고 싶어 했다. 활기차게 살아가는 뉴욕 사람들의 모습을 보고파 했다. J가 헬렌 켈러처럼 될 수 있도록 도와주고 싶었던 오만이 극에 달했던 과거를 지우고 싶다.

수필을 쓰면서 J를 생각한다. J는 소설을 써서 시각장애인 사이트에 글을 올린다. J의 연재소설을 기다리는 독자들이 꽤 있다. 우리는 오래전에 글쓰기로 만나 각자가 선택한 소설과 수필을 쓰면서 아주 가끔 만나 대화를 나눈다. 우리는 목소리가 크고 하고 싶은 말이 많다는 공통점을 가지고 있다. 이름 없는 작가의 길은 고달프지만 나름대로 방법을 터득해 견뎌 나가고 있는 서로를 대견하게 바라본다. 어쩌면 가까운 미래에 J가 쓴 소설이 나올 수 있을 것이며, 또 어쩌면 내 수필이 먼저 출간될 가능성이 있을지도 모르리라. 나는 J가 시대정신이 살아 있는 소설가가 되기를 소망한다.

인생의 전환점을 눈 수술 전과 눈 수술 후로 나누어 본다. 그렇게 간절히 원했던 시력을 찾고 나니 두려움이 생긴다. 대충 넘어갔던 사소한 것에 눈 부릅뜨고 살펴보는 습관이 생겨 피곤해진다. 잘 보이는 시력으로 시시비비를 가리는 실수는 하지 않을까 새로운 걱정이 생겨난다.

못났던 내 마음을 활짝 열어본다. 인도에서는 생로병사 고통에 벗어나 행복하다는 말을 괴로움이 사라졌다고 한다. 부족해서 자유로운 어제였는데, 충분해서 두려운 오늘이다. 나는 담담한 마음으로 살아가기를 바라는 기도를 올린다. J와 다정하게 마주 앉아 이야기를 나누고 싶다. J의 이야기를 오래오래 들어주는 어른이 되고 싶다.

월남 공주

쇠미골에 산 지 6년이 넘었다. 금가루를 뿌려 놓은 듯 우뚝 서서 마을을 지키고 있는 산 아래 오래전부터 사람들이 터를 잡고 살아왔다. 따뜻한 햇볕이 내려앉아 소박한 이웃끼리 정을 나누는 동네라 그런지 지형도 나지막하고 편평하다.

쇠미골에 이사 온 후, 갱년기가 시작되었다. 건강을 이유로 육류를 줄이고 채식으로 바꾸고 싶어 동네 사람들에게 어떤 남새 가게가 좋은지 물어보았다. 시장 입구에 있는 노총각 가게가 가장 신선하다 추천했다. 그 총각은 과일이 시들어지면 팔지 않고, 그날 받아온 채소가 다 팔리면 문을 닫는다고 했다. 가게를 찾아갔다.

'종합 청과물'이라는 초라한 간판이 붙어 있었다. 시장 안에 청과물 가게가 수십 군데 있지만, 낡은 간판이 오히려 믿음직했다. 노총각 사장님 나이는 언뜻 보아도 사십 중반은 넘긴 듯했다. 자그마한 키에 표정이 없었다. 나는 채소를 부지런히 사 가는 단골이 되었다. 가끔 싱싱한 과일이 맛있다고 말을 걸어도 그냥 씩 웃을 뿐, 한마디 대꾸하는 법이 없다. 젊은 여자들이 좋아하는 스타일은 아닐 것 같았다.

청과물 가게 2층 건물이 자기 소유라 했다. 그러나 키 작고 장사꾼에다 홀어머니를 모셔야 하는 조건 때문에 결혼하기 힘들었다. 결혼을 안 하는 것이 아니라 못하는 것 같았다. 시장 사람들이 중매를 많이 섰지만, 퇴짜를 자꾸 맞았다. 그런데 어느 날인가 며칠이나 가게 문을 닫았다.

얼마 후, 20대 초반의 베트남 아가씨를 데리고 왔다. 눈빛이 도전적이며 이목구비가 뚜렷하고 키 크고 늘씬한 몸매였다. 거기에 노출이 심한 원색 옷차림에 큼직한 귀걸이를 달고 짙은 화장까지 했다. 시장 사람들과 손님은 말을 못 하고 눈치만 보았다. 심지어 뒤에서 수군거리기까지 했다.

최근 대중매체에서 다문화 가정의 문제들을 자주 보도하지 않았던가. 이혼이 빈번하며 언어소통이 제대로 되지 않는다거나 부부간 문화 차이가 심한 경우가 많고, 국제결혼 사기로 외국인 아내가 도망가기도 한다. 사람들은 만에 하나 남편이 주먹을 휘둘러 가정파괴가 생기지는 않을까 쓸데없는 근심으로 그들을 바라보고 있었다.

베트남에서 결혼식을 올리고 온 부부는 저녁마다 가게 문을 일찍 닫고 팔짱을 끼고 외식하러 다녔다. 신랑 키가 작아 2세를 위해 키 큰 신부를 원했고, 신랑이 소심한 성격이니 명랑한 신부를 찾았다니 할 말은 없지만, 나이 차이와 문화의 차이는 심해 보였다. 덩달아 나도 불안한 눈빛을 만들었다.

몇 달 후, 갑자기 가게 분위기가 바뀌었다. '종합청과물'

이라 적힌 낡은 간판을 내리고 '월남 공주'라 크게 쓴 새로운 간판을 높이 달았다. 나쁜 소식은 아니었다. 남자 처지에서 보면 베트남 아가씨는 노총각 신세를 면해 주었으니 진정한 공주이다. 월남 공주 간판은 우리나라로 시집온 공주가 앞으로 당당하게 살아가겠다고 많은 사람에게 신고한 셈이다. 쇠미골에 공주의 성을 구축하며 남편과 함께 가게를 잘 지켜나가겠다는 공식 선언이었다. 다문화 가정에 대한 편견과 염려를 한 방에 날리고 쇠미골에 안착할 것이라 굳게 믿을 증거품이 되었다.

뜻밖에 월남 공주는 베트남에서 꽤 부유한 집에서 태어나 자랐단다. 고향에서도 짙은 화장이나 화려한 옷을 차려 입고 살아왔다. 한류 열풍 때문에 한국에 관심이 컸단다. 베트남과 달리 사계절이 분명한 우리나라를 좋아하는 이유가 다양한 종류의 옷을 입을 수 있다는 것도 포함되어 있었다. 다만 남편과 시어머니는 월남 공주가 가난 때문에 국제결혼을 했을까 오해를 받는 것이 가슴 아프다고 했다.

월남 공주가 종합복지관에서 한글 공부를 시작했다. 시

어머니와 남편과 짧은 한글 단어로 소통하며 무사히 잘 지냈다. 그러다 자연스럽게 임신해서 아빠를 닮은 건강한 공주님을 낳았다. 남새 가게 사장님이 아기를 안고 쩔쩔매던 어설픈 모습이 차츰 편안해지고 딸아이 옹알이에 대꾸하며 밝게 웃는 얼굴로 변해갔다.

2년이 흘렀다. 드디어 월남 공주가 바쁜 남편을 도우러 가게에 나왔다.

"아-녕 하세요?"라고 인사하며 손님을 맞이하는 공주가 귤 한 광주리 3천 원, 사과 한 무더기 5천 원이라며 맛있다고 사 가라 한다. 싹싹하지 않아도 씩씩하게 과일을 팔려 노력하는 모습을 보니 눈에 매달려 있던 불안은 사라지고 마음이 놓인다. 아침마다 어린 딸을 어린이집에 안고 가거나 유모차에 싣고 가는 딸 바보 아빠의 미소는 사람들에게 넉넉한 웃음을 만들어 주고 있지 않은가. 팍팍한 현실에 참으로 다행이라는 말을 자연스럽게 나누며 쇠미골 주민들은 작은 위안을 느낀다.

시장을 한 바퀴 돌아본다. 노총각 가게에서는 큰 효험이 없었지만, 늘씬한 월남 공주에게 채소를 사 먹으면 갱년기를 건강하게 잘 넘길 것으로 생각한다. 오늘은 파프리카가 쭈글쭈글 시들어 팔 수 없다는 정직한 월남 공주를 거쳐 푸짐한 먹거리를 양손 가득 들었다.

겨울 해가 골짜기에 숨는다. 가로등 불이 켜진다. 남새 가게에 신선한 과일과 채소가 가득 진열되어 있다. '월남 공주'는 예전보다 늦게까지 열려 있을 것이다.

벗

복사꽃이 바람에 흔들린다. 봄을 바라보고 느끼는 심정이 이런 것일까. 부평초처럼 흔들리며 나그네로 살아가는 것이 우리 인생일진대 떨어지는 꽃잎을 보면 울컥해진다. 떨어지는 꽃은 애절하지만 아픔을 승화하며 지는 삶은 아름답지 않은가. 태어나 죽는 인생이란 결국 피고 지는 자연과 같다는 것이리라.

한동안 자연自然이라는 단어에 꽂혔다. 저절로 자연에 묻혀보려 하지만 도시 여자로 태어나 아스팔트를 걸었던 기억만으로 자연을 제대로 이해하는 것은 어려운 일이다. 자연스럽게 사는 게 어떤 것인가. 자연스러움은 어떤 경지일까. 경산 반곡지 버드나무 아래에 앉아 시詩 한 편을 읽는다. 조지훈이 목월에게 쓴 〈완화삼玩花衫〉이다.

나그네 긴 소매 꽃잎에 젖어
술 익는 강 마을의 저녁노을이여

이 밤 자면 저 마을에
꽃은 지리라

다정하고 한 많음도 병인 양하여
달빛 아래 고요히 흔들리며 가노니…

– 조지훈의 〈완화삼–목월에게〉 일부

완화삼은 꽃을 완상하는 선비의 적삼이라는 뜻이다. 꽃을 즐기며 구경하는 선비는 구름과 물처럼 흘러가는 유랑의 삶을 사는 나그네다. 시인이 살았던 현실은 이 밤 자고 나면 꽃이 질 것을 아는 암울한 시절이었다. 목월의 초대로 경주에 놀러 와 시나브로 꽃이 떨어지는 길을 걷는 조지훈 선생의 심정을 따라갈 수는 없다. 다만 '다정하고 한 많음도 병인 양하여 달빛 아래 고요히 흔들리며 가노니'처럼 한恨과 애상哀想을 낭만적으로 풀어낸 시의 분위기에 젖어도 그게 어딘가. 지금 내 곁에선 복사꽃이 바람에 하롱하롱 날아다닌다. 꽃이파리가 물 위에 살짝 내려앉는다.

사람과 사람이 만나서 벗이 된다는 건 실로 대단한 일이다. 한 사람의 일생을 함께 나누는 벗을 만나는 기회는 많지 않다.

내가 말하려는 벗은 이십 년 지기다. 어린이 책을 팔러 나온 출판사 외판 직원이 나와 꼭 닮은 사람이 있으니 만나 보라고 적극적으로 권했다. 나이도 비슷하고 정적인 취미가 닮았으니 친구 하라며 다리를 놓아주었다. 그의 예측처럼 우리는 만나는 순간 친구가 되었다. 우리 둘은 대구와 부산에 각각 살면서 언제 어디서 무엇을 하다 만나도 자연스럽게 격려하는 서로의 편이다.

친구는 종갓집 맏며느리다. 한 달 걸러 제사와 집안 대소사, 시댁 뒷바라지, 가족들에게 지극정성을 쏟는 착한 여자다. 그런데 딸만 셋이다. 오래전 대 이를 아들 하나 낳아 보려고 여러 번 유산을 감행했던 적이 있었는데, 더는 자신의 목숨줄은 줄이지 않겠다며 마음을 다잡고, 독학으로 공인 자격증을 따낸 의지력 높은 여성이다. 딸들은 고등학교를 마치면 공장으로 보내 돈 벌어 시집보내야 한다며 구박하시던 시어머니 주문을 들으며 우리는 함께 분개했다. 때때로 내 아픈 상처를 위로해 주었고 내 건강이 나빠져 절망할 때 하소연을 들어주었던 고마운 벗이다.

그 벗은 뜨개질로 쌍둥이의 옷을 척척 짜 입혔다. 전기 재봉틀로 커튼과 쿠션, 식탁보 등을 만들었는데 그때 유행한 잡지 《행복이 가득한 집》에 나오는 프로방스풍 집과 똑같이 연출했다. 우리는 밤을 새우며 경쟁하듯이 아이들 옷을 만들어 입혔고 육아와 책에 대한 정보를 나누었다.

벗은 유난히 음식 솜씨가 뛰어났다. 나를 위해 건강한 밥상을 차려줄 때는 상다리가 휘어질 정도다. 인공감미료를 전혀 쓰지 않고 오곡밥, 미역국, 나물과 채소전, 갈비묵은지찜, 월남채소쌈과 생선 등 수십 가지 차린 맛있는 밥상 앞에서 나는 흥감하여 몸 둘 바를 모를 때도 적지 않았다.

그런 내 친구가 올해 최고 갑甲이 되었다. 어여쁜 딸 셋의 미래를 위해 야무지게 뒷바라지했는데, 몇 년 사이 딸 셋을 전부 공무원으로 만들었다. 당당한 엄마로서 여성의 품격을 올리는 데 크게 이바지하는 인물이 되었다고 칭찬하면 너무 과할까.

우리는 살아가면서 수많은 사람을 만난다. 하지만 벗다운 벗을 만나기는 쉽지 않다. 벗을 통해 내가 받은 지지와 이해는 미래를 헤쳐나가는 계기가 되므로 더욱 그렇다. 벗과의 소통은 눈에 보이는 겉모습으로 인식하지 않고 신뢰를 바탕으로 응원하는 마음이 있어야 한다. 시詩를 받은 목월은 〈나그네〉로 화답한다.

> 강나루 건너서
> 밀밭 길을
>
> 구름에 달 가듯이
> 가는 나그네.

길은 외줄기
남도 삼백 리

술 익는 마을마다
타는 저녁놀.

구름에 달 가듯이
가는 나그네.

– 박목월의 〈나그네〉 전문

시 한 수를 보냈더니 마음을 읽어내는 벗, 자연스럽게 마음이 오가는 두 시인은 동시대를 함께 살았던 문우文友였다. 그들은 벗다운 벗을 가진 친구라 하겠다.

그래, 내 친구 정애가 봄의 마지막을 아름답게 장식해주는 복사꽃이었구나! 복사꽃은 무리 지어 피거나 홀로 피어도 한결같이 아름다운 꽃이다. 남편의 "고맙다."라는 말 한마디에 힘들었던 지난 세월 모두가 용서되었다는 벗. 꽃과 열매 어느 것 하나 버릴 게 없는 복사꽃이 소리 없이 빛나고 있다. 무릉도원 반곡지에서 나는 현재와 미래의 길을 함께 걸어갈 벗에게 내 마음을 한 편의 글로 전한다.

사람이 사람을 만나는 것은 어마어마한 일이다. 무릇 벗을 잘 만나야 한다.

God바위 할아버지

산에 오르면 하늘이 가까워진다. 하늘 끝에 닿고 싶은 마음은 낮은 곳에서 시작해 걷고 또 걸어야 그곳에 닿을 수 있다. 우리 삶에서 오르막과 내리막을 바라보며 하늘을 우러러 온전히 자신을 낮추는 일이 기도가 아닐까 생각한다.

작년 가을비 내리던 날, 홀로 기도하러 왔다가 가만히 엽서 한 장 써서 소원성취 느린 우체통 붉은 입에 밀어 넣었다. 물 먹은 돌부처께 올린 간절한 마음은 아직 변함없다. 나에게 팔공산 갓바위는 God바위다. 'God'은 혜성 같은, 신

같은, 전지전능한 뜻을 가진 요즘 젊은이들이 자주 쓰는 말이다. 나는 어리석은 자신을 이해하고 숨어있는 불성을 되찾게 만드는 조력자라 여기고 있다.

여기는 경북 경산시 팔공산이다. 대구를 비롯해 군위, 칠곡, 영천, 경산 네 개의 시와 군에 걸쳐있는 큰 산이다. 경산의 지형은 사람 인人 자를 굵게 뭉텅거린 세모 모양이다. 사람은 서로 기대어 살아야 한다는 말을 새삼 느낀다. 경산에는 일체유심조의 원효와 이두를 만든 설총, 삼국유사를 편찬한 일연, 세 성현을 모신 문화박물관이 있다는 사실을 알았다. 갓바위의 정식 명칭은 팔공산 관봉석조여래좌상의 불상이다. 정성껏 소원을 빌면 한 가지 소원은 꼭 들어준다는 부처의 옆모습을 꿰뚫은 구조물 앞에서 걸음을 멈춘다. 어디선가 들리는 산비둘기 소리가 애련哀憐하다.

갓바위에 오르는 길은 두 가지다. 대구에서 오르는 앞길은 1,365개의 돌계단인데 한 시간 정도 걷는다. 무궁화와 야생화를 보며 연리지 나무까지 만나는 돌계단 숲길에서 건강한 땀방울을 흘린다. 나는 경산에서 오르는 뒷길을 선택했다. 시멘트 계단으로 오르는 길은 이삼십여 분 걸린다. 경산 길은 삼단으로 구분한다. 하단인 일주문을 지나 연꽃다리를 건너니 석등을 밝히는 길 공사가 한창이다. 천계로 들어서는 입구가 넓어지고 있다.

십 년을 하루도 빼지 않고 기도한다는 보살님을 뵌 적이 있다. 순결한 눈빛이 예사롭지 않다고 단박에 알아차렸다. 매일 새벽에 일어나 부처님을 만나러 가는 준비로 가슴이 설렌다는 그분에 비교해 기껏해야 좋은 날만 골라 서너 번 정도 찾아오는 나는 낯부끄러운 신도일 수 있겠다. 분명 불교 공부를 했으나 내 기도는 오로지 참회와 부모님을 비롯한 세상 인연 인과응보에 감사를 올릴 정도로 단순하다.

오늘은 종교가 다른 문우들과 걷는다. 주위를 보니 다양한 연령대의 사람들이 갓바위를 오르내린다. 가파른 계단을 오르면 중단의 약수터와 삼성각이 나온다. 깨달음을 얻고자 합장하고 다시 걸으면 애자모를 모신 작은 굴이 보인다. 다음 생에 누구든지 좋은 인연으로 만나기를 두 손 모은다. 곧이어 대웅전 앞 여의주如意珠를 문 용머리는 하늘로 승천할 만큼 기세가 등등하다. 생로병사의 고통에서 해탈하고자 한 부처의 뜻을 새기며 삼배를 올린다. 대웅전 앞 석탑을 감싼 연등에 달린 이름들의 기도와 염원은 하늘로 향한다. 나도 연등이 되어 관세음보살을 부르며 탑을 돌아본다.

숨을 고른다. 마지막 상단을 향해 계단 한 줄을 오르면 약사여래불…. 그윽하고 나지막한 기도의 외침들! 약사여래불이다. 그동안 얼마나 약사여래불을 찾았던가. 세 살 적, 누가 던진 돌로 인해 얼굴 미간 흉터가 생길 때부터 어머니는 막내딸의 기도를 시작하셨다. 열일곱에 나타난 목병으로 육 년 넘게 병원을 오가며 수술해도 병명조차 나오지 않아 집을 팔아 목숨 줄을 이어준 어머니와 정성을 다해 새벽기도를 다녔다. 그 후 결혼해서 아들딸을 낳고 마흔이 넘어 수술했을 때 약사여래불 앞에서 삼천 배를 하며 항암의 고통을 이겨냈다. 남매를 훈육하면서 생계를 위해 경제활동을 할 때도 갓바위를 찾아 천 배 올리며 견뎌왔다.

올해는 종아리 인대 파열, 다리 골절에다 팔목 인대까지 늘어나는 어이없는 사고로 봄부터 가을까지 깁스와 보호대를 착용해야 했다. 분명 몸 상태를 보면 산에 오를 형편이 못되지만, 엄마와 어른이기 때문에 의지만 갖추고 갓바위 부처님을 뵈러 나온 터이다.

파란 바람이 분다. 환한 하늘에 영산재를 알리는 깃발이 펄럭인다. 날이 좋아 바윗돌도 가실하다. 약사여래불 뒤를 든든하게 지키는 키 큰 마가목 한 그루가 신장처럼 의젓하게 서 있다. 불볕더위를 거뜬히 이겨내고 빨간 열매를 자비롭게 매달고 있다. 바람이 분다. 내 발밑에 떨어진 빨간 열매 한 알을 줍는다. 몸을 돌리면 신라 후대에 만들어진 5m가 넘는 좌상, 머리에 판석을 얹은 여래상이 엄숙하게 내려다본다. 손에 든 약함만 없다면 항마촉지인의 부처다.

나는 석굴암 부처와 군위 제2석굴암 부처와 견주어 본다. 석굴암 부처의 백호 금강석 자리 흉터에서 내 어릴 적 미간 상처를 위로받았다. 군위 부처처럼 석굴에 조용히 있다가 마침내 세상에 나오게 되는 용기를 얻었다. 지그시 눈을 반쯤 감고 오른쪽 어깨를 앞으로 기울여 이야기를 들어주려는 인자한 할아버지 한 분이 계신다. 나는 크고 넓적한 얼굴이 우리 선조 중 누군가와 모습이 닮았다는 느낌이 들었다.

향을 피우고 고개를 들어 God바위 할아버지와 눈맞춤한다. 그때 광배 바위에 까치 한 마리 날아와 God바위 할아버지에게 무어라 깟깟, 또 깟깟 떼를 쓴다. 바윗돌 사이에서 움튼 어린 소나무도 얼굴 내놓고 들은 척 만 척하는 모르쇠 God바위 할아버지를 향해 아우성친다. 시끄러운 까치에게 항복하는 할아버지가 슬며시 나를 향해 웃는다. 나도 따라 웃는다. 이제까지 내 사연을 들어줄 어른 한 분이 없었다. 보이지 않는 운명의 힘에 이끌려 답답하면 하늘만 쳐다보았다. 그러다 대책 없이 갓바위 부처를 찾아 하소연하며 살아왔다.

God바위 할아버지는 '이제까지 잘 살아왔다. 자신을 믿고 하고 싶은 대로 해보라.'라고 말씀하신다. 한 방울씩 떨어지는 낙숫물이 바위를 뚫듯 소원은 꼭 이루어질 것이라는 믿음으로 '마음을 더 낮추어라.' 한마디 덧붙이신다. 인계人界에 살면서 어디 낮추어야 하는 것이 이것뿐이겠냐고. 육신이 고달팠으니 더욱 사려분별을 갖추고 살아야 한다며.

집에 오니 엽서 한 장이 나를 기다리고 있다. 갓바위 할아버지가 웃고 있는 엽서다. 느린 우체통이 일 년을 보관했다 보내준 엽서를 읽으니 내 기도는 이루어지고 있는 게 아닌가. 오늘은 갓바위 할아버지의 묵직한 말씀까지 받아왔다. 마가목 붉은 열매를 본다. 부러졌던 뼈와 늘어난 근육은 튼튼해질 것이다. 또 살. 아. 보. 자.

2부
아망오

글은 사람이다. 글의 주제가 오락가락하지만, 곧 자기 자리를 찾아갈 것이다. 화선지 천 장 쓴 힘으로 수필 천 편 정도 쓸 배짱이 있다면 내 두려움은 용기로 바뀔 것이다. 왜 글을 쓰냐고 물으면 마음이 한가해서가 아니라 마음을 한가롭게 만들고 싶어서이다.

네 꿈이 뭐니

꿈의 반대는 현실이다. 그러나 우리는 현실에서도 꿈을 꾼다. 현실의 꿈을 보통 희망이나 포부라 부른다. 꿈은 잠자는 동안에 깨어 있을 때와 마찬가지로 여러 가지 사물을 보고 듣는 정신 현상, 실현하고 싶은 희망이나 이상, 실현될 가능성이 아주 적거나 전혀 없는 헛된 기대나 생각이라 정의한다. 가끔 나는 꿈을 이루기 위해 무엇을 했던가 하는 회상에 잠긴다.

중학교 2학년 때였다. 아담한 키에 말씨가 조용하고 성함까지 정숙하신 가정 선생님의 수업시간이었다. 1번부터 차례로 "네 꿈이 무엇이냐? 너는 어떤 사람이 되고 싶으냐?" 라고 질문하면 친구들은 제자리에서 일어나 대답을 했다. 스튜어디스가 되고 싶다, 장관이 되고 싶다, 유치원 교사가 되고 싶다, 간호사가 되고 싶다는 여러 가지 거창한 대답이 들렸다. 25번인 내 차례가 왔다. 나는 당당하게 말했다.

"제 꿈은 현모양처입니다."

가정 선생님 표정이 갑자기 멍해지셨다.

어릴 적 내 꿈은 현모양처였다. 그 기준은 우리 어머니였다. 어머니보다 예쁘고 퓨전 요리를 잘하고 서예도 하며 바느질 솜씨까지 뛰어난 좋은 엄마, 분위기 있는 좋은 아내가 되는 게 인생 목표였다. 또 어머니보다 더 고운 마음씨를 가진 사람이 되고 싶었다. 가정 선생님은 한결 부드러운 목소리로 말씀을 이어나갔다.

"25번아, 여자는 결혼해서 어지간하면 현모양처가 다 된단다. 현모양처 말고 되고 싶은 인물은 없나? 다시 한 번 생각해 봐라."

소박한 내 꿈이 사정없이 깨지는 순간이었다. 내가 잘하는 것이 뭐지? 국어 한문 사회 과목을 좋아했던 것만 생각하고 복잡한 머릿속을 풀어가며 꿈결같이 대답했다.

"그럼, 국어 선생님이 되고 싶습니다."

"그래. 25번아, 그 꿈을 꼭 이루어라."

선생님은 빙긋이 웃으시는데 나는 진땀을 흘리며 비실비실 자리에 앉았다. 큰 문제였다. 내 꿈을 공개선언했기 때문에 어떻게 해야 하나 고민이 되었다. 언니와 오빠들이 책을 많이 읽으라고 해서 닥치는 대로 한국문학 전집을 끌어안았고, 세계문학 전집을 읽다가 주인공들이 얽히고설켜 공책에 주인공 이름을 적으며 읽었으며, 국어 과목만큼은 전교 최고가 되고 싶어 시험공부를 열심히 했던 기억이 난다. 선생님이 되고픈 마음에 국어를 좋아했지만 특별한 문학성은 보이지 않았다. 라디오에 사연을 응모하면 내 이야기가 방송되는 잔잔한 기쁨뿐이었다. 국어는 좋아하는 과목일 뿐이었고 오히려 이성적으로 성장하면서 전공으로 선택하지 못해 아쉬움이 컸다.

기말시험 기간이다. 내가 가르치는 아이들에게 물어본

다. 네 꿈이 뭐냐고? 어떤 사람이 되고 싶으냐고. 명확하게 대답하는 아이가 몇 명 되지 않는다. 어쩌다 목표나 희망을 정해 놓은 아이 중에는 부모님이 설정한 목표로 아이를 억누르고 있다. 어떤 아이는 자신이 무엇을 하고 싶어 하는지 사실은 잘 모르겠다고 실토한다. 그런데도 초등학교 때부터 목표를 정해 선행학습을 해서 중고등학교에서 내신 관리로 명문대학을 가겠다는 말에 문득문득 가슴이 답답해진다.

사교육으로 미래의 꿈을 멋지게 만드는 세상이다. 성적을 잘 받기 위해 다람쥐 쳇바퀴 돌 듯 학원을 순례하는 모습이 재미없어 보인다. 고교 졸업자 기준으로 대부분이 대학을 진학하는 무한경쟁에 살기 힘든 현실이다. 자녀의 꿈을 부모가 개입하는 일에 대해 누구 책임이냐고 묻기 두렵다. 먹을거리와 입을 거리가 풍족한 우리나라에서 과거와 같은 꿈을 갖기란 어렵지 않은가. 그러나 꿈이니까 자기만의 이상을 키우고, 꿈을 이루기 위해 끈기 있게 사는 사람들이 많아졌으면 좋겠다. 학벌만 높게 취하기보다 학식까지 갖춘다면 얼마나 좋을까. 누가 특목고를 가니까 따라가고, ○○대학에 편입하니까 가는 것이 아니라 진정으로 원하는 가치 있는 꿈을 찾아갔으면 좋겠다.

나는 결혼하고 아이만 낳으면 신사임당이 될 수 있을 거라는 막연한 기대를 버린 지 오래다. 엄마라는 이유로 아이의 사소한 실수에 짜증을 냈고, 잘 가르쳐 보겠다며 아이를 달달 볶으며 다그치는 날이 있었으며, 내신 성적변화에 불안해 허둥댄 적도 있었다. 아들딸이 유치원에 입학할 때부터 도서관 자원봉사를 시작하면서 중 2학년까지 함께 책을 읽고, 시험 기간에 같이 문제집을 풀고 매겼다. 교육과정이 바뀌는 시점에 미리 준비한 독서지도와 대입 논술, 국어를 공부했던 길고 긴 시간이 참으로 즐거웠다. 아이들과 놀기 위해 문화탐방을 다니고 체험생태까지 공부하다 자연스럽게 좋아하는 국어 과목을 가르치게 된 나는 아이들과 함께 성장하는 행운을 누리고 있다.

아이의 습관과 행동을 간섭하며 기, 승, 전, 공부하기를 자주 재촉했다. 그때마다 어머니는 낮은 목소리로 "기다려

봐라, 화내지 마라." 하며 부처님 같은 말씀을 하셨다. 생각해보면 어머니는 팔 남매 자식들에게 공부하라는 말씀을 하지 않으셨던 것 같다. 매일 일찍 자라며 건강을 최우선으로 삼았다. 학교에서 뭐든지 배우고, 자기 할일을 다하면 친구를 도와주고, 집에서 형제자매끼리 서로 돌봐줘야 한다는 말씀만 하셨다. 모진 말로 야단치는 소리를 한 적이 없는 분이 바로 어머니시다. 어머니를 따라가기는 어렵다. 어머니는 내 영원한 본보기이기 때문이다.

인생은 끝까지 살아보아야 안다고 하지 않은가. 현모양처를 꿈꾸면서 꽤 현명한 아내도 아니었고 썩 좋은 엄마도 아니었지만, 아이들에게 작은 도움이나마 줄 수 있는 내가 좋아하는 길을 걸어가는 조금 괜찮은 어른이 되기를 소망한다. 만일 다음 생에 똑같은 직업을 선택할 기회가 생긴다면 나는 현모양처와 국어 선생을 다시 선택하리라.

꿈이 뭐냐는 질문에 진땀 뻘뻘 흘렸던 25번 여중생. 솔직한 내 이야기를 하면서 이제는 제자들에게 꿈을 물어본다.

"진짜로 네 꿈은 뭐니?"

여유

삼월 마지막 날, 번개 모임으로 수원지 둘레길을 걸었다. 뒷산을 매일 오른다는 튼실한 지인과 백두대간을 종주한 산꾼에 가까운 분을 모셨기에 마음 편하게 따라나섰다. 그런데 뒷산을 매일 오른다는 사람이 십 분 만에 지쳐서 일 년에 한두 번 산행도 안 하는 나를 흐뭇하게 만들었다. 성지곡이 따라 웃는다.

오후에 비가 온다는 일기예보를 듣고 나섰다. 잠깐 비추는 햇빛에 내 몸은 봄 한가운데 서서 벌써 나른해진다. 목련은 떨어지고 벚꽃이 피어 길섶에 민들레까지 우리를 반기는 계절이다. 봄 가뭄이 심하다. 땅이 까슬하게 말라 흙먼지 일어나는 발밑의 보라색 제비꽃은 소녀의 수줍음을 연상한다. 외진 곳에 핀 진달래는 무르익은 여성의 농염한 빛을 띠었고, 노란 동백꽃 생강나무가 봄의 알싸한 내음을 흘린다. 이마에 손 올려 망원경 눈을 만들고 먼 산을 둘러보니 앞산이 배산이고 가까이 황령산, 멀리 장산까지 아늑하게 보인다. 이 순간을 그대로 멈추고 싶을 만큼 일행과 걷는 시간이 좋다.

소박한 점심 도시락을 폈을 때 비님이 오신다. '아, 여기가 신선이 사는 골짜기구나.' 하고 위안하지만, 시간이 흐를수록 귀한 비는 사르르 떨며 엷은 안개까지 내려 주신다. 잠시 비를 피하고자 키 큰 삼나무 밑에서 막걸리를 마시며 내려가는 체온을 지키려 안간힘을 서니 삼나무 곁에 선 나도 키 작은 삼나무가 된다.

성지곡 수원지는 초등학교 소풍 때마다 왔던 곳이다. 자주 오지 않아도 정겹게 느껴진다. 1906년 한국 최초의 콘크리트 중력식 댐으로 부산 인구가 늘어날 것을 대비해 대한 제국 정부와 일본 거류민단이 공사비를 분담해서 완공했다고 한다. 수원지 주위에 삼나무와 편백을 심은 덕분에 부산 시민의 휴식 공간이 되어 몸과 마음마저 위로하는 공원이다.

수원지 물 위에 떨어지는 비를 보며 자연을 찾아 즐기는 사람들의 휴식이 한없이 부럽다. 순간 나는 무엇을 보고 사느냐가 아니라 앞으로 어떻게 사는 것이 좋을까를 고민한다. 수원지에 내리는 빗물이 조금 더 내린다 해서 수원지 물 넘치는 것도 아닐 터인데 나는 언제나 표면에 집착하며 더 나서지를 않는다. 발원지의 생명을 물길로 이어 가득 고아온 수원지, 그 심연深淵에 들어 있는 물기둥의 힘을 어떻게 찾을 것인가. 어떻게 끌어올려 볼 것인가.

백 년도 넘은 수원지 물속에 양쪽 산 그림자가 들어있다. 그림자는 고요하다. 물은 말이 없다. 말 없는 물 위에 떨어지는 빗낱을 보는 내 마음이 젖어 든다. 물 위에 떠 있는 오리집이 비에 젖은 채 조용하다. 시끄러운 오리가 오늘 하루 쉬는가 보다.

둘레길에 봄비 맞으며 홀로 걷는 사람, 계모임으로 온 듯한 사람들, 애완견을 데리고 나온 사람들이 걸어간다. 같은 길에 있는 나는 어떤 모습일까. 이 여유를 겉으로만 즐길 뿐, 글감 찾느라 생각만 분주하다. 참 피곤하다. 자연을 즐기며 마음을 비우려 둘레길을 걷는데 바쁜 마음을 비우고 나면 스캔 뜨듯 재빨리 현실 문제를 채워 넣는 내가 싫어지는 순간이다.

얼마 전에 불교대학 2년을 졸업했다. 그때 개근상과 보현행원상을 받았다. 큰스님께서 주시는 선물이 모두 다른데 내 것은 오로지 '무아無我'라는 글만 있는 작품이었다. 언제나 법당과 교실에서 바쁘게 뛰어다녔던 나를 내려놓아야 하는데, 아상我相만 높아 내려놓는 마음이 부족하다는 뜻이리라. 어쩌면 매사에 욕심내지 말고 지혜롭게 살라는 뜻으로 무아가 나에게 왔을 것이라 짐작해 본다.

굵어지는 비에 서둘러 산행을 끝냈다. 일행은 서면에 있는 빈대떡집으로 갔다. 애매한 시간이라 손님이 없어 썰렁하다. 등이 꼿꼿한 할아버지 두 분이 조용히 술잔을 나누며 담소를 즐기고 있다. '참 멋진 할아버지다.' 하고 바라보는데 눈이 마주친다. 어쩐지 한 분은 눈에 익으신 분이다. 인사를 드렸다. 백발의 시조 시인은 친구의 문집에 추천평을 써 주었는데, 고맙게 술 한 잔 대접 받는다고 하신다.

기분 좋게 취해서 일어나는 시인이 나를 부른다. 어제 스무 번째 시조집이 나왔다고 한다. 아버지처럼 선생님처럼 낮은 목소리로 "이름이? 좋은 글 많이 써서 나중에 또 만납시다." 하시며 시집에 사인하는데 손길이 느.리.다. 나도 "귀한 시집 주셔서 감사합니다. 조심해서 들어 가십시오." 라며 목소리를 '솔' 키로 올리고 마음은 낮추었다. 노시인은 소년같이 맑게 웃으신다. 누구라도 좋아할 만한 여유를 가진 고아古雅한 분이다.

논어에 '불분불계不憤不啓, 종오소호從吾所好'라는 말이 있다. 몰라서 괴로워하지 않으면 길을 터주지 않으니 자기가 좋아하는 일을 좇아가라는 뜻이다. 아마도 인생의 아름다운 꽃도 지고 나면 사라지듯 인생의 단 한 번뿐인 삶을 집중하며 찾으라는 뜻일 것이다. 그러고 보면 논어 속에도 둘레길이 있지 않은가. 사실 우리는 무엇 때문에 바쁜 게 아닌 줄 다 안다. 내 마음이 바쁘고 내 마음이 슬퍼서 대상과 사물을 내 마음으로 비추어 보았다는 사실을 깨닫는다.

오늘, 노 시인의 낮은 목소리를 천천히 음미한다. 여유는 한 번에 만들어지는 것이 아니라 수원지에 물이 스며들 듯이 서서히 모인다고. 봄비 내리는 길을 걸으며 흙도 야무지게 밟고, 나무도 만지고, 먼 산도 흠모하며 하늘을 올려보는 것이 먼저 해야 할 일이라고. 내 인생의 둘레길을 즐기며 걸어야 한다고. 거기에 내적 성장을 위해 수원지 심연에 물기둥 같은 무엇을 끌어낸다면 흡족해질 터이다.

그러나저러나 이 글의 제목은 뭐라고 해야 하나 고민이다. 마음의 여유를 찾으러 수원지를 걸었는데 종교와 고전에서 헤매고 있으니 대책이 없지 않은가. 다만 인생의 둘레길을 걸으며 세상과 만날 때 여유 있게 맞이해야 한다는 것, 그것 하나 찾으려고 집중했기에 이 정도로 만족하련다.

아망오我忘吾

날개가 생겼다. 연년생 아들딸이 유치원에 입학했다. 남에게 하루 아니 한 시간도 아이를 맡기지 못하는 성격이라 육아 스트레스는 극에 달했다. 그런데 오전 두 시간이 오롯이 내 것이라니. 어떻게 해야 의미 있는 시간이 될까 고민하다 한문 서예 교실에 등록했다. 노란 통학차에 아이를 태워 보내고 접어두었던 날개를 펴서 훨훨 서실로 날아갔다.

먹을 갈았다. 한 일 자를 긋는 두 시간이 그렇게 기분 좋을 수 없었다. 한 달 동안 一, 二, 三, 四, … 九, 十까지 쓰다가 천자문으로 들어갔다. 서실에는 붓 잡는 법부터 기교 부리지 않고 정확하게 가르치는 깐깐한 호랑이 훈장님이 계셨다. 배운 대로 하지 못해 기가 눌렸지만 괜찮다며 다시 쓰면 된다고 학생 손을 힘껏 잡고 정성껏 지도해 주셨다.

나른한 봄이 짙은 묵향에 빠졌다. 서실에 작품 바람이 불었다. 보통 일 년 이상 쓰면 호랑이 선생님께 작품을 받아 삼 개월 정도 연습하다가 출품한다. 넉 자나 일곱 자 정도의 사필귀정, 진인사대천명 같은 글을 받으면 잘 쓰는 축에 들었다. 하늘 천 자를 쓰던 우리 기수들은 작품을 쓰는 선배들이 부러웠다. 작품 내용과 글씨체를 끝없이 말해도 지치지 않았다. 선생님께서 여덟 폭 병풍을 준비한다며 이백李白의 칠언시 산중문답山中問答을 구양순체로 쓰고 있었다.

가슴이 울렁거렸다. '왜 산에 사느냐고'를 '왜 글을 쓰느냐고'로 스스로 바꿔 물어보았다. 좋은 글을 자꾸 보면 안목이 오를 거라 생각하고 서실에 갈 때마다 선생님 곁에 가서 한시를 구경했다. 그러자 선생님은 단호하셨다.

"천자문을 쓰는 초보자는 씰-데없이 힘 빼지 마라."

아무리 기웃거려본들 글 한 장 내려주지 않았다.

입하 날, 서실 대청소를 하면서 선생님 자리에 쌓인 화선지를 따로 분리해서 치웠다. 어떤 나쁜 생각이 있었던 것은 아니었다. 그냥 선생님의 글을 따라 쓰고 싶었을 뿐이었다. 몰래 선생님 글씨 한 장을 잡아 가방에 꼭꼭 숨겼다.

문제는 그때부터였다. 화선지에 빽빽하게 쓰인 산중문답 스물여덟 자 해서체에 푹 빠져 정신을 차릴 수 없었다. 물론 글씨체가 멋있지만 따라 쓰고 싶다는 욕망에 사로잡혀 울렁거리는 가슴을 누르고 눌렀다. 겨우 서너 달 먹을 간 초보가 궁리한 것이 베껴 쓰는 방법이었다. 화선지를 덮을 만 한 큰 비닐을 구해서 그 위에 다시 화선지를 깔았다. 전지 한 장을 쓰는데 평균 한 시간이 넘게 걸렸다. 매일 얼마나 썼는지 모른다.

왜 그렇게 이백의 한시에 매달렸는지 정확히 알 수는 없다. 육아에 지친 내 존재가 막연해 빠져든 것일 수 있고, 사업을 확장한다고 바쁜 남편 대신에 대화할 상대가 필요했을지도 모를 일이었다. 규원가閨怨歌를 쓴 허난설헌이 이런 마음이었을까. 그해 여름에는 무릉도원에 사는 신선 같은 그와 몰래 만났다. 그를 흠모하는 마음이 혹시 집착일까 봐 눈물 흘리면서 더욱 몸을 고달프게 만들었다.

아무에게 말하지 않았다. 몇 달 지나 서실 선배들이 작품을 낼 때였다. 초보자가 작품을 내어도 되는지 슬쩍 물어보았다. 내 이야기를 예사로 듣던 선생님께서 작품을 써 준 적이 없다며 진짜 작품이 있다면 몇 장 가져와 보라고 농담으로 말씀하셨다. 천 장 정도 있다고 하자 매우 놀라는 눈치였다. 다음날 고르고 골라 서른 장 정도를 가지고 갔다. 선생님은 교실 바닥에 깔아놓고 그중에 작품 몇 장을 골라 내고는 나를 올려다보셨다.

“낙관 파세요! 호는 있는가?”

나는 선생님 글씨를 밀반출해 밤을 새우며 연습했다고 실토했다.

“아무도 안 시켰는데 씰-데없이 힘들게 산다.”

선생님은 껄껄 웃으셨다.

그때 받은 낙관의 두인이 아망오我忘吾이고, 호가 수정水亭이다. 이미 선생님은 내 마음을 꿰뚫어 보신 것 같았다. 아망오는 자기 자신의 존재를 잊고 사색에 잠긴다는 뜻이다. 수정은 물처럼 여如하게 살라는 의미가 분명히 있을 터이다. 땀을 줄줄 흘리며 먹을 갈고, 화선지를 네모반듯하게 접었다. 한결같이 마음을 모아 엎드려 쓴 한시 덕분에 받은 아. 망. 오. 'ㅇ'과 'ㅁ'의 울림소리가 내 가슴 한복판에 낙관을 찍었다.

육십이 되면 글을 써 보겠다는 장기 계획을 세웠다. 그런데 지난해부터 수필에 빠져있다. 또 몸보다 마음이 먼저 날개를 만들어 달았다. 그대 열심히 쓰고 있는가 자문하면, 마음대로 되지 않는다는 자답이 들린다. 어떤 때는 감정조절이 되지 않아 서럽게 울기도 했는데 이제는 복잡한 감정이 가라앉고 맑은 앙금이 보이기 시작한다.

글은 사람이다. 글의 주제가 오락가락하지만, 곧 자기 자리를 찾아갈 것이다. 화선지 천 장을 쓴 힘으로 수필 천 편 정도 쓸 배짱이 있다면 내 두려움은 용기로 바뀔 것이다. 왜 글을 쓰냐고 물으면 마음이 한가해서가 아니라 마음을 한가롭게 만들고 싶어서이다.

수필 쓰기는 마음을 치유하는 일이다. 가슴이 따뜻한 선생님께서 문학이 위로가 될 거라며 수필밭에서 끝까지 살아남기를 바란다고 하셨다. 마음이 몸의 노예가 되지 않도록 집중하고 몸은 글에 몰입해야 하리라. 오래 사랑하면 보일 터이고 보이면 느껴질 것이므로 천천히 그 속으로 들어가 보려 한다.

아망오는 대한민국 서예대전에 입선했다. 하지만 작품 전시장에 갈 수가 없었다. 짧은 시간에 용을 많이 써 몸에 탈이 났기 때문이다. 서울 예술의전당에 가지 못하고, 부산에서 유명한 치질 수술의 병원에서 회복 중이었다.

위기는 언제나 또 다른 기회를 부르는 법이다.

독독독篤皾督

봄 재수

"이런 학생이 있어. 고교 3년 동안 최신 휴대전화와 컴퓨터를 사용하면서 놀고, 내신 성적은 최상위를 유지하고, 아이돌 같은 외모에 부모님이 뒷바라지를 잘해주시고 학급 친구를 도와주는 겸손한 학생이래. 수시입학 전형으로 최저등급을 맞추고 서울 명문대학교에 입학했단다."

"-_-;; 재수 없어요!"

"그런데 사실 부럽다. 누릴 것 다 누리고 대학 잘 가는 그

학생이.”

“ㅠㅠ 저도 그 애처럼 좋은 대학 가고 싶어요. 혹시 방법이 없을까요?”

“글쎄다. 지금 너의 부모님이 백배 정도 악독한 역할을 하면 갈 수 있으려나?”

“그런 운運은 없다 생각하고 그만둘래요!”

“왜??”

“-_-;; ㅠㅠ 지금도 힘든데 부모님이 백배 더 악랄해진다면 제가 죽을 것 같아요!”

“^-^ 맞제. 공부가 다는 아니지.”

여름 답장

카카오톡이 징징 울린다. 좋은 글과 아름다운 음악을 선물 받는다. 감사하다. 세월이 흐르면서 그 고마운 상대는 만나고 싶다거나 애인이 되어주었으면 좋겠다고 한다. 고민하다가 거절한다는 답장을 보냈다. 얼마 전부터 그 남자는 사뭇 날카로워진 메시지를 보내고 있다.

나에게 편지를 보낸 시간이 얼마인데 마음을 받아주지 않고 거절하니 분한 마음이 생기는가 보다. 바둑 두는 언니가 부득탐승不得貪勝이라는 이야기를 해 주었다. 승리를 탐내는 목적만으로 바둑을 두면 이기지 못한다고. 물 흐르듯 감정이 흘러가면 낭비가 없을 터인데 유순한 마음이 변하고 있다.

여고생부터 쉬엄쉬엄한 자원봉사 활동이 올해로 삼십 년이다. 이제껏 살아온 시간의 다섯 조각 중 세 조각은 타인을 위한 시간을 보냈으니 이제 나를 위한 봉사를 하리라. 나는 아이들과 책 읽고, 인도 여행도 가고 싶고, 좋은 수필집 한 권 내고 싶고, 문우와 함께 인생과 문학에 관한 이야기를 나누며 살고 싶다는 마지막 답장을 보낸다. 감정 조절을 잘해야 하는 나이는 따로 있지 않다.

가을 친구

가로수가 물든다. 짙어가는 단풍을 보며 밑그림이 비치는 수채화를 그리고 싶었지만 흰 건물 안에서 바깥을 바라보던 때가 있었다. 한 달이 지나 그곳을 빠져나왔을 때 생기 있던 나뭇잎들은 소슬바람에 떨어지고 앙상한 가지만 남긴 채 나를 기다리고 있었다. 덩달아 나도 초라해졌다.

사십 대에 종합건강검진을 받았다. 의심 가는 곳에 조직검사를 거쳐 '암癌과 친구 하라.'는 판정이 나왔다. 설마 삶을 포기해야 하는 건 아닐 거라 믿고 수술을 했다. 아무도 만나고 싶지 않았던 병실에서 한 달을 보냈다. 건강을 찾겠다는 각오보다 포기하려는 마음이 더 쉽다고 인정하는 시간이 두려웠다. 의사 선생님이 아파트 베란다에서 아래를 향해 내려다보지 말라고 한다. 싫어하는 채소를 챙겨 먹고, 스트레스를 받지 않도록 조심하라는 당부가 평생 숙제가 되어 나를 따라다닌다.

어느 수필가가 쓴 〈어머니의 뽕브라〉가 내 이야기가 되었다. 유방암에 걸린 어머니가 돌아가시자 아들이 어머니 속옷을 보고 울며 쓴 사모곡이다. 잊고 싶었던 지난날을 되풀이하고 싶지 않았다. 왜 하필 그런 친구가 생겼을까 하는 부정과 분노에 지쳐갔다. 현실을 인정하면서 끝없는 우울함에 빠져들었다. 극복하고자 하는 감정을 수용하기까지 죽을 만큼의 힘이 필요했다. 가을은 내 안에 숨어있는 자기애를 찾아 끌어올려야 하는 아픈 계절이다.

겨울 사랑

연말이다. 송년 행사에 〈당신은 사랑받기 위해 태어난 사람〉이라는 노래가 수화와 함께 자주 공연된다. 사람은 사랑받기 위해 태어났다는데 우리네 삶은 어떠한가. 내 삶을 사랑하는 것이 절대 쉽지 않은 현실이다. 살다가 건강을 잃으면 풀 수 없는 고난도 수학 문제처럼 풀지 못하는 골칫거리가 되어 괴롭다.

당신은 사랑받기 위해 태어난 사람이 아니라 '당신은 사랑하기 위해 태어난 사람'으로 바꾸어 불렀다. 항암 후유증을 공부하며 무기력마저 이해하고 능동의 주체로서 교만하게 자신을 지키는 사람이 되어야 하리라. 아무도 위로해 주지 않아도 스스로 보듬어보리라 결심하고 그 노래를 따라 불렀다. 노래 탓이다. 서러운 감정이 치밀어 올라 울었다.

슬픈 노래는 싫다. 노래를 따라 불러도 이젠 절망의 눈물은 흘리지 않는다. 가슴 밑바닥에 학습된 당신은 사랑하기 위해 태어난 사람이라 부르는 재생 버튼이 자동 반복된다. 사람은 누구나 사랑하기 위해 이 세상에 태어났다고 믿는다. 생을 민낯으로 살아본 사람은 진심으로 알고 있다. 바닥을 박차고 일어날 힘이 저절로 생겨난다는 사실을.

역시 세월이 약이다. 내 입에서 나오는 말과 글, 노래가 결코 독毒이 아니기를 바란다. 사전에는 여러 가지의 독이 있다. 내가 쓴 독은 인정 많은 독篤, 매끄러운 주머니 독韣, 바로 살필 독督이다.

길

얼마 만인가 이런 설렘이. 나를 위해 온종일 쓸 수 있는 하루다. 곰곰이 생각해보니 팔 년 만의 나들이다. 가을은 이미 내 가슴에 들어와 있었지만, 훌쩍 떠나기 힘든 생활인이라 혼자만의 시간이 꼭 필요했다.

문학기행을 따라나선 시월이다. 병원과 집, 봉사 활동, 공부 외엔 아무것도 하지 않았던 나는 이상한 나라에서 살다 갑자기 세상이 궁금해서 구경나와 낯설어하는 이방인 같다. 가을 하늘을 머리에 이고 길을 걷는다. 마음이 즐거우니 발걸음도 가볍다.

대구 문화거리는 걷기 좋은 길이다. 귀 기울여 듣고 싶은 이야기가 지절대는 골목길에 이상화 문학관, 서상돈 고택, 박태준 시비가 보인다. 〈동무 생각〉 시비를 보며 노래를 불러본다. 그 옆에 동산 선교사 주택은 120년 전 기독교 선교사가 거주했던 집이다. 역사의 고증으로 남아 의료와 문화를 전파해 주었던 흔적들이 의료박물관으로 남았다. 특히 선교사들이 가져온 사과나무는 가난한 나라에 먹을거리였고 나중에 대구 특산물이 되었다. 동산원 건물은 초가집과 기와집밖에 없었던 시절에 서양인이 설계하고 중국인이 벽돌로 집을 지었다. 빨간 벽돌 건물 지붕에 기와를 올려 동서양이 만나는 퓨전 건축이다.

청라언덕은 조선의 몽마르트르 언덕이라 부른다. 사진을 찍어보니 담쟁이가 무서운 기세로 건물을 감싸 오르고 있다. 청라靑蘿-푸른 담쟁이-를 보며 서양 선교사들은 고향의 담쟁이를 보듯이 향수를 달래었을 거다. 근처에 명문 학교가 많고, 문인의 생가까지 있는 진정한 문화거리를 걸으며 우리네 인생길을 돌아 나가면 무엇이 기다리고 있을지,

누구를 만날지 궁금해진다.

근대문화 거리는 대구의 자존심이다. 도심 아파트 사이에 좁은 길은 과거의 추억을 잇는다. 저항시인 이상화 시인의 생가에서 아들이 용, 봉, 린, 학과 같은 담대한 존재가 되기를 기도하는 부모님의 모습이 보인다. 일제 강점기 때 지식인들은 보통 17~18세 어린 나이 청년이었다. 식민 조국의 울분을 문학을 통해 독립운동으로 승화시켰을 것이며, 수많은 지식인은 배워야 무지를 이겨낼 수 있다고 믿었을 터이다. 그들 뒤엔 얼마나 많은 부모님의 눈물과 간절한 기도가 뒤따랐을 것인가.

서상돈 고택에서 생각이 겸손해진다. 국채보상운동을 위해 먼저 집 한 채 값의 돈을 내놓아 가진 자의 도덕적 의무를 실천하신 분이 살았던 집이기 때문이다. 양반가 안주인들까지 깊이 간직했던 장롱의 패물을 내놓아 그 운동에 동참했던 의미 있는 길이 길게 이어나간다.

골목을 쉬지 않고 계속 걷는다. 제일교회가 보이고, 서문시장 장날에 맞추어 만세 불렀던 소박한 3 · 1운동길, 90

계단과 김수환 추기경이 서품식을 받았다는 아름다운 계산 성당, 서울로 통하는 약전 골목길은 역사 문화재이기에 애틋한 감정이 이입된다. 길을 사이에 두고 기독교와 천주교, 원불교, 불교도들이 종교를 초월한 한마음으로 독립을 이루겠다고 힘을 모았다. 이젠 역사가 되어 더욱 의미 깊은 거룩한 길이다.

시내에서 가까운 수목원은 국화 축제 중이다. 기다란 골프장 모양의 수목원은 쓰레기 매립장이었다가 변신한 인공 수목원이다. 눈앞에 보이는 파란 하늘과 키가 비슷비슷한 나무들, 수목원을 걷고 있는 사람들이 삼 분할되는 눈높이가 예술작품이다. 이렇게 아름다운 순간을 눈 사진으로 찍어 마음속에 저장시킨다.

세상에 예쁘지 않은 꽃이 없다. 구절초, 소국, 대국의 국화꽃을 피우기 위해 원예사들은 지난해 가을부터 꼬박 1년을 공들여 형태를 만들고, 철사로 고정하며 꽃 피는 시기를 맞추기 위해 애를 쓴 흔적이 보인다. 누군가가 웃으며 소리쳤다.

"우째 이리 이쁘노! 대구가 자꾸 좋아진다!"

수목원을 시민공원으로 환원한 것은 탁월한 선택이다. 쓰레기 매립장에서 은은한 산비둘기 노래를 들을 줄은 짐작도 못 할 일이다. 우리나라를 찾아왔던 초기 선교사들은 작고 가난한 조선이라는 나라가 경제부국으로 성장할 거라는 상상을 한 번이라도 했을까. 독립 운동가들이 조국 광복을 못 보고 돌아가셨듯이, 미래의 삶을 완벽하게 예측하며 살기란 쉽지 않다고 하겠다.

나에게 언제 이렇게 고즈넉한 가을이 있었던가. 수목원 끝자락을 돌아 나오며 가을보다 맑은 저 하늘이 기분 좋다는 노래 구절을 흥얼거린다. 가을은 머리 위에서 가슴으로 내려와 두 다리에 이르러 노란 은행잎으로 물들이는 색깔과 소리로 만난다. 발갛게 물드는 플라타너스에 갈대, 황금 은행나무가 먼 길을 잘 찾아왔다고 나를 반겨준다. 끊임없이 피고 지는 꽃을 보며 문득 이 계절이 무궁화처럼 다함이 없지 않은가 생각한다. 내가 걷는 이 수목원 길과 대구 골목길은 귀하게 기억될 것이다.

어느 길에서 누군가를 만날 것이다. 과거의 나는 건강을 잃어 삶이 끝날까 우울하게 살았다. 오늘 나는 건강을 찾고 자연이 주는 진지한 기쁨을 누리고 있다. 어디서 어떻게 풀릴지 모르는 인생길에서 앞으로 만날 탄탄한 길을 생각한다.

가을 햇살 소리가 몸 안에 고여 있는 내 눈물을 말리고 있다.

1,224m에서 보낸 편지

궁금하다. 사람들이 왜 그곳을 가는지. 몇 년 동안 불교신문에 〈봉정암에서 보낸 편지〉가 매주 한 편씩 실렸다. 도대체 어떤 곳일까. 무엇이 있기에 거기만 가면 절절한 편지를 쓰는지 의문이 들었다.

한가위 보름달이 떴다. 올 추석 달은 유난히 크고 밝다. 덥지도 춥지도 않은 맑은 기운이 흐르는 늦은 밤, 설악산으로 향한다. 홀로 떠나는 여행이라 불안하다. 여행하는 명확한 목적을 알 수 없다. 어떤 기도를 할지 나도 모른다. 버스는 칠흑의 어둠을 매달고 밤을 새우며 고속도로를 달린다.

무박 2일 여정이라 잠을 제대로 자기는 힘들 것이다. 강원도 인제군 북면 용대리에 내려 버스를 갈아타고 다시 백담사로 향한다. 확연하게 느껴지는 찬 기온에 몸이 떨린다. 추석 연휴에 왜 여길 왔을까.

백담사는 절 안팎이 청정한 절이다. 고요한 새벽에 마당을 쓰는 스님들의 분주한 몸놀림에 티끌 하나 떨어지기 미안해진다. "내려올 때 보았네. 올라갈 때 보지 못한 그 꽃"이란 구절을 떠올리며 어디서 살든지 무엇을 하든지 올라갈 때 못 보고 내려올 때도 못 보는 사람은 되지 않기 위해 잠시 참회의 시간을 가진다. 깨어있어야 한다.

눈이 쌓인 줄 알았다. 온통 화강암 흰 돌이 계곡에 널려있다. 언뜻 보면 지난밤에 함박눈이 내렸나 하는 의문이 생길 정도로 흰색 돌은 물색을 깨끗하게 만드는 재주를 가지고 있다. 계곡물은 희다 못해 비췻빛이 감돈다. 민낯 얼굴로 돌무더기에 앉아 돌탑을 쌓아본다. 하늘을 향해 염원하는 작은 탑들은 기도하는 사람의 몸체와 꼭 같은 모습이다. 욕심 없이 돌 다섯 개를 올려 탑을 쌓는다. 작은 탑은 돌탑

밭에 묻힌다. 내 마음이 편안하다.

봉정암 가는 길은 순례길이다. 언젠가 스페인 산티아고 순례 가는 길에 대한 글을 읽은 적이 있다. 해마다 수만 명의 순례자가 걷는다는 천 킬로미터의 길. 끝이 없을 것 같은 길을 아름다운 고행이라고 했다. 봉정암을 찾아 돌길을 오르며 어리석은 물음으로 나는 왜 여기 왔을까 묻는다. 석가세존의 뇌에서 나온 사리를 모신 적멸보궁이 있으므로 탑을 보러 간다고 답해 본다. 오대 적멸보궁 중에 우리나라에서 가장 높은 곳에 자리 잡고 있어 봉정암 가는 길이 이 땅 최고 순례자의 길이라고 한다. 과연 그것뿐일까.

설악이 단풍 들 준비를 한다. 영시암을 지나니 전나무 숲이 울창한 산속에서 손을 흔드는 붉은 단풍이 반갑다. 수백 년 묵은 금강송과 흰 돌, 푸른 물이 어우러진 계곡은 아름답다 못해 마치 꿈속을 걷는 듯하다. 하염없이 걷다가 철교를 만나고 구곡담 폭포에서 잠시 쉰다. 큰 바위를 안고 오로지 올라만 가는 사람들을 따라 이정표를 확인한다. 아직 사리탑까지는 멀었다. 설마 저 돌산 꼭대기 바위 위에 소나무가 있는 곳은 아니겠지. 구불구불한 바윗길을 걷는다. 얼음물에 발을 담그며 처음 만나는 사람들과 인사하며 사과 한 알을 나누는 인정人情을 느낀다.

최고로 힘든 길이 남았다. 직선 바위 절벽이 오백 미터 깔딱고개라 하는데 그곳을 올라가야 봉정암이다. 오르막길 마지막 순간에 생각났다. 그래 맞다. 봉정암에 가보는 것이 내 기도였다. 그런데 무언가가 흡족하지 못한 건 무슨 이유일까. 다섯 시간을 걸어 사리탑을 보려고? 분명히 아닌 것 같았다.

가파른 돌계단 위에 서서 자유로운 삶은 없는가. 내 삶의 주인공으로 살아가기를 꿈꾸며 바라본 하늘빛이 파랗다. 산 위에서 부는 바람은 흔들리는 마음을 붙잡아 정신 차리라고 말을 건넨다. 질문은 했지만, 정답을 찾지 못하고 있는 미흡한 가슴은 편하게 쉬지를 못한다.

봉정암은 봉황의 정수리 터다. 천 미터가 넘는 곳에 부처님의 진신사리를 모신 절이다. 설악산 전체가 큰 돌이라 날카로운 공룡능선은 소름 돋을 정도로 아찔하다. 용 이빨 모양의 거친 용아장성이 병풍으로 무방비한 나와 이마받이한다. 보고픈 적멸보궁의 사리탑이 보인다. 높은 산과 파란 하늘은 준비하지 않고 허술하게 지냈던 내 삶을 말없이 내려다본다. 사자바위가 청정한 기운으로 두려움을 슬며시 훑어준다. 순간, 발밑 시멘트 바닥에 분명하게 1,224m라 새겨져 있다. 사리탑에 앞에서 뒤통수를 한 대 맞았다. 봉정암의 높이는 12월 24일에 태어난 딸 생일과 같은 숫자이다. 나는 지금 딸을 위한 기도를 하러 왔구나. 감사하다고. 정말 고맙다고.

딸은 대학 졸업을 앞두고 있다. 지난 유월부터 구월까지 서울에 있는 병원에 취업 면접을 혼자 보러 다녔다. 서류를 접수하고 3주 후에 일차 면접, 2주 후 발표, 일차 합격해야 적성, 인성시험을 보고 2주를 기다리면 또 이차 토론과 면접시험이다. 면접부터 최종 발표까지는 평균 두 달 이상을 기다려야 한다. 여러 곳에 취업원서를 넣고 면접을 보러 다니는 모습을 보면서 일하는 엄마라 미안한 날이 많았다. 더운 여름날 열차 시간을 맞추느라 허덕이는 딸을 보며 치열한 경쟁에서 살아남길 바라는 소망을 품었다. 아무리 간호학과가 취업이 잘된다고 해도 원하는 병원에 갈 수 있는 것이 아니므로 씩씩하게 견디는 모습이 애잔해 보인다.

두루 원만한 보름달이 떴다. 오로지 감사기도 외에 할 발원이 없다. 법당에서 밤새우며 기도하던 사람들이 별빛 속 살거리는 캄캄한 새벽, 세 시 반에 주먹밥 한 개를 먹고 소리 없이 하산을 준비한다. 어둠 속에서 나를 지킬 수 있는 건 나 자신뿐이다. 절벽 바위를 내려가다 지쳐버린 사람들이 보인다. 까닥 잘못하면 다치기 쉬운 길이라 조심해야 하리라. 발끝에 힘을 주며 헛디디지 않으려 천천히 내려오는데 찌르르 풀벌레들이 합창한다. 올라갈 때 보았던 산속 아름다움은 내려올 때 귀로만 들리니 보이지 않는 불안이 생겨 조심, 또 조심한다. 거대한 자연 속에 아주 작은 나는 은은한 달빛과 별빛, 앞선 사람이 보내는 불빛 배려를 받고 천천히 걷는다.

정신이 맑아진다. 그러나 다리는 후들거린다. 무사히 내려갈 수 있을까 하는 불안은 느끼지 않기로 한다. 부정적인 말은 한마디도 해서는 안 된다는 결연함이 생긴다. 무탈하게 돌아가야 한다는 생각뿐이다. 하늘과 가까워진다고 극락이 눈에 보이는 게 아니다. 내가 사는 곳이 시끄러운 극락이라 생각하며 마음을 다잡는다.

백담사 계곡은 하얗다. 수천 년 풍화작용으로 큰 돌들이 깨어지고 계곡을 따라 굴러서 작은 돌들이 되었을 것이다. 흰 돌이 모나게 살지 말라며 말을 건넨다. 산 아래에서 위를 올려다보는 눈은 넓고 시원해야 하지만 산 위에서 내려다보는 눈길이 깊고 그윽해야 한다고. 내 의지대로 자유롭게 살아갈 용기를 가져야 할 때다. 삶이 특별하지 않아도 온몸으로 자연을 바라보며 이제 나를 이겨내는 고행의 산, 생활의 산으로 내려온다. 보이는 대로 느끼는 대로 제대로 표현하며 살아가고 싶다.

내 삶은 언제나 기도로 이어왔지 않은가.

물거울

단비다. 하늘이 메마른 땅에 하사품을 내리듯 시원하게 비가 내린다. 지독하게 더웠던 긴 여름을 갈무리하며 소릿길에 선다. 선선한 바람이 한 줄기 불어와 풀벌레 소리를 마음으로 듣게 한다. 가을이 열린다. 계곡 아래로 쏟아지듯 흐르는 물을 보며 변하는 자연의 이치를 좇아간다.

최치원이 세상 시시비비를 흐르는 계곡물로 귀 막아버렸다는 추야우중秋夜雨中의 그 물소리. 비가 오지 않았다면 찻물 끓는 소리처럼 정겨웠을 것이다. 만일 오늘처럼 가을을 재촉하는 비가 내린 후라면 이곳 홍류동계곡은 천둥 같은 물소리로 절망하는 그의 처지를 위로해 주었을지도 모른다.

유독 영남 지역에서 최치원의 흔적이 많은 이유는 시대를 잘못 만난 비운의 인재가 유랑하다가 가야산에서 행방불명되어서라 하겠다. 해인사를 지나온 지 한참이 지났는데 여전히 그가 잊히지 않는 이유를 임경대에 와서야 알게 되었다.

양산 원동면에 있는 임경대는 양산팔경의 하나다. 황산강(낙동강)의 서쪽 절벽 위에 서면 강물에 주변 풍광이 거울에 비치듯 아름다운 명소다. 최치원이 즐겨 놀던 곳이라 임경대, 최공대, 고운대라고 불린다. 그가 어지러운 세상을 비관하여 벼슬길을 물러난 뒤 지었다는 시詩가 전해져 온다. 최치원을 그리워하며 임경대를 노래한 한시 비가 많았다. 그중에 물거울이라는 단어가 오래도록 내 마음을 잡고 놓아주지 않는다.

물거울이라. 지난봄 매화 축제 때 본 낙동강 물은 너무나 맑았다. 봄바람에 힘을 얻은 매화가 소담하게 피어 온 세상이 신비스러웠다. 깨끗한 강물에 매화꽃 나무와 파란 하늘과 구름이 내려앉아 고운 풍경화 한 폭을 가슴에 담아왔었다.

오늘 임경대 정자에서 바라보는 강물은 부연 흙탕물이다. 강 건너 김해를 바라봐도 흐리다. 기울어 가는 신라 말, 최고의 문장가에 명필가였던 최치원 심정은 어떠하였을까. 아마 흐린 강물처럼 비감하였으리라 짐작한다.

다시 생각한다. 그토록 맑은 물이 낙동강 물이었고 탁한 물도 같은 낙동강 물이 아니던가. 살아생전 뜻을 펼치지 못한 억울함이 크지만 역逆으로 생각하면 그가 남긴 시를 읽는 이가 많으니 시공간을 거슬러 최치원만큼 사랑받는 이가 또 어디 있겠는가. 비운의 세월을 살았던 그가 위로받으니 오히려 행복하다 할 수 있다.

나는 사람과의 만남에서 무엇이 가장 중요한가 생각해 본다. 무엇이 옳고 그르다를 따지기보다 평범하게 사는 바람직한 삶을 강물에 비춰본다. 쓸데없는 고집 속에 시간이 흐른다. 도대체 진실이 어디에 있는가. 사람으로서 지켜야 할 도덕성과 인간 본능의 감정선 기준은 어디쯤 있는지. 사랑인가 체면인가 목숨인가 하는 우선순위 기준을 어디에 두고 살아야 하는지 모호하기만 하다. 어쩌면 세상은 아주 맑지 않고, 아주 흐리지도 않은 물거울 같기만 하다. 물거울은 사람의 마음마저 비추어주지는 않는다.

끝내 산에서 생을 마감한 최치원. 그는 어떤 물거울을 원하고 있었을까. 길고 긴 낙동강을 바라보며 세상에서 가장 작은 그의 눈물 호수는 흘러넘쳤을 것이다. 너무 맑으면 티끌이 다 보이는 법. 세상을 돌리면 맑음과 탁함은 하나가 되지 않을까.

흐르는 물은 물상을 그대로 비추고 있다. 흐린 강물을 본다. 물은 시간이 지나면 저절로 정화될 터이다. 물이 뿌옇다고 누구를 탓하겠는가. 물거울에 비친 맑은 풍경만 기대하고 좇아가려 하는 어리석은 이가 나인 것을. 자세히 보지 못하고 듣지 못하는 시절 인연 탓이라 여긴다.

강물이 울고 있다. 소문으로 나부끼는 속세의 바람을 알아차린다. 안타까운 인연 하나 탁류濁流에 흘려보낸다. 귀를 닫는다.

26년 만에 핀 꽃

만개한 벚나무 밑을 지난다. 밤새 내린 비를 머금은 꽃이 맑고 화사하다. 햇살에 바람을 맞이한다. 벚꽃이 바람 따라 싸락눈처럼 휘날린다. 방금 핀 투명한 꽃잎에서는 연분홍 물이 배어나올 것만 같다. 자잘하게 수놓은 꽃에 취한 걸음이 바로 걷지 못하고 갈지자가 된다. 삶이 지칠 때 환장할 만큼 아름다운 이 풍경은 어디에 있었던가. 사랑의 묘약인 키스펩틴같이 솟아나는 로맨틱 호르몬은 이유도 없이 굳어버렸을까.

그와 그미는 지금 꽃비 날리는 화개천 계곡을 걷고 있다.

그곳에는 하얀 벚꽃, 연분홍 벚꽃, 수줍은 벚꽃, 어색한 벋꼳, 웃는 버꼳, 손잡는 버꼬치 뭐라고 가만히 있지 못하고 두 걸음이 일으키는 바람을 받아 들썩거린다.

S#1. 그

봄나들이 나온 지가 얼마 만인가. 생각해 보니 함께한 적이 거의 없다. 특별한 추억은 아니더라도 평범한 기억은 남아 있으련만. 몇 년 동안 데이트 신청을 해도 거절하기만 했던 그녀가 오늘은 허락했다. 수없이 피고 지는 벚꽃 때문인지 모른다. 그래도 어쩐지 귀한 시간이 될 것이 분명하다.

26년 전, 추석날 달은 유난히 밝았다. 그녀는 긴 생머리에 웃으면 실눈이 되는 얼굴이었다. 맞선 본 첫날에 결혼하자고 청혼했는데 하마 오십을 훌쩍 넘은 세월이 지났다. 그동안 그녀는 매사가 분명하여 자신을 혹사하며 공부에 빠지거나 아이 둘 키우느라 발을 동동거렸다. 눈가에는 잔주름이 생겼다. 생각하지 않은 일이 자꾸 생겨 가정을 외면하고 도와주지 못해 서글펐다.

수필을 쓰기 시작했다더니 작년에 등단했다며 책 한 권을 보내주었다. 〈고븐 흉터〉였다. 그녀의 아픈 내면을 처음 알고 가슴이 아파 혼자 울었다. 왜 나와 결혼했는지, 왜 이유도 없이 잘해주지 못했는지 코가 찡했다. 기회를 준다면 보답하고 싶은데 그녀는 모든 것을 거부하고 있다.

과거는 사라지는 것이 아니라 화석처럼 굳어지는 시간이다. 자신 있다고 믿었던 젊은 세월이 한꺼번에 무너지는 병가의 상사라 여기던 만용은 되돌릴 수 없다. 나도 예외가 아니었다. 친구들은 일하면서도 가족을 돌보고 자식을 위한 일을 마다치 않는데 나는 직장 이외에는 신경 쓰지 않았고 내가 하고 싶은 대로 살았다. 그것이 최고의 실수라는 것을 지금까지 몰랐다. 그만큼 그녀는 육아에 지쳤고 가정경제를 책임지느라 마음의 문마저 닫아버렸다. 사업이 잘 풀리는 것이 중요한 게 아니라 가장으로서 가족이 소중하다는 걸 깨닫는 데 26년이 걸렸다. 부끄러운 과거를 동여매고 싶다.

그녀가 자주 다친다. 길에서 넘어지더니 이번에는 버스에서 내리다 인대 파열로 다리에 반깁스했다. 어찌해야 좋을지 알 수 없다. 더 미적거릴 수 없다. 그녀에게 데이트 신청을 했고 그녀가 받아 주었다.

S#2. 그미

그와 26년 만에 처음으로 꽃구경을 나왔다. 봄의 벚나무가 땅속 깊이 박힌 단단한 뿌리에서 물을 빨아올려 몸통으로 밀어 올린다. 그의 제안을 받아들인 어제 밤새도록 비가 내렸다. 신랑신부를 앞서가는 어린 화동이 무작정 뿌리는 꽃 세례 같은 비를 흠뻑 맞이한 꽃송이는 햇살 속에서 싱그러운 향내를 풍긴다. 봄을 맞이하러 나올 줄 생각 못 했기에 그와 얼굴을 마주 보기가 어색하다.

쌍계사 벚꽃 풍경 속에 두 남녀가 나란히 있다. 누가 보면 한 폭의 춘경이리라. 그러나 삶에 지친 오십 중반의 그는 어느덧 눈꼬리가 처지고 얼굴엔 주름이 잡혀 거칠어졌고 배도 많이 나왔다. 사업하느라 일하느라 바쁘다는 부모의 명분에 밀려 아이들은 저절로 찾아오는 봄빛을 받으며 자라났지만, 부부라는 단어는 삐끗거리고 인연을 예민하게 원망하며 만나기 힘든 채로 살았다. 그에게 나는 어떤 모습으로 비칠까. 얼굴 피부는 칙칙하고 눈매는 처지고 몸매까지 두꺼워졌는데 옛날에 맑은 모습이 여전히 남아있으려나.

나이가 들면서 내 이야기를 쓰고 싶었다. 외로울 여유조차 없을 때 생의 두 번째 인연처럼 수필을 선택했다. 몸과 마음의 흉터에 관해 쓰면서 상처를 치유한다는 느낌이 들어 좋았다. 혼자 묻은 이야기를 가만히 들어줄 사람에게 이야기하듯 적었다. 그 결과 어릴 적 얼굴 흉터 이야기가 등단작이 되었고, 작품이 실린 책을 그에게 보냈다.

그는 〈고븐 흉터〉를 읽고 울었다며 미안하다고 용서해 달라고 했다. 세상에서 제일 쉬운 아버지 역을 제대로 못한 지난날을 용서해 주기만 한다면 참말로 잘해보겠다고 한다. 밥을 같이 먹고 싶다면 밥을 먹고, 나들이를 가겠다면 함께 가고, 원하는 것을 모두 들어주겠다고 한다. 그의 간절한 눈빛이 마음으로 읽힌다. 그가 원하는 게 무엇인지 알기까지 26년이 지났다.

S#3. 그 & 그미

벚꽃은 천연스럽게 두 번 꽃을 피운다고 한다. 봄에 활짝 피었다가 봄비에 다섯 장 꽃잎이 떨어지고 나면 연두색 새잎이 돋는다. 또 한 번 초록 꽃을 피우는 재생의 나무가 벚나무다. 그와 그녀가 함께 거닐고 있는 섬진강 방죽은 꽃길이 되어 있다. 데칼코마니로 마주 찍은 듯 꽃나무가 강물에 들어앉아 물속에서도 봄기운을 발산한다. 섬진강 벚꽃은 그와 그녀의 삶이 더 우울하지 않게 네모리노가 아디나를 그리워하며 〈남몰래 흘리는 눈물〉을 부르는 오페라의 배경 같지 않은가.

나이가 들어가니 들뜨는 일이 줄어든다. 그래도 낭만을 불러일으킬 감정이 조금 있으면 좋겠다. 초콜릿에 담겨있다는 키스펩틴 같은 묘약이 가슴에서 우러나오면 좋겠다.

단순하게 살고 싶은 감각적인 봄날이다.

3부

공룡을 찾아서

포구에 살아있는 생명이 꿈틀거린다. 공룡이 되살아나서 마음껏 건강하게 뛰어다닐 수 있는 밝은 날이 도래하기를 기다린다. 수천 년 이어온 상족암 주상절리를 걸으며 갑자기 가슴에 벅찬 환희가 일어난다.

"찾았다. 공룡!"

잘나가는 작가

1

수필 동인지가 나왔다. 서울에 사는 오빠와 언니에게 보내고 나니 책이 모자란다. 수필에 관심 많은 지인이 꼭 내 글을 읽고 싶다 해서 마지막 한 권 남은 책을 주고 나니 책이 없다. ㅂ 선생에게 혹시 주위에 남은 책이 없을까 하고 물어보았다.

"동인지 남았으면 한 권 얻을 수 있을까요?"

"한 권밖에 없는데 빨리 읽고 줄게유?"

"아니 아니. 남는 책 없으면 괜찮아요."

"아녀. 내가 읽을 거만 읽고 줄게유. 내 작품은 없으니 글 쓴 작가가 갖고 있어야 하잖아유."

"나야 책 생겨 좋지만 미안해서…."

"기냥 받아유. 제발~ 유. 우리 집에 책이 넘쳐유~"

2

동인지를 언니에게 보냈다. 막내가 수필 쓴다고 고생했다며 오리탕을 사 준단다. 재빨리 약속을 잡았다. 오리탕을 실컷 먹은 후에 언니가 뜸을 들이며 부탁이 있다고 한다.

"내 동생아, 칙칙한 내용 쓰지 말고 재미있는 글 좀 써라."

나는 글쓰기가 내 마음을 치유한다고 말했는데, 언니는 아침 라디오 방송 '양희은의 음악 편지'에 나오는 편지글처럼 반전 있게 좀 써 보라 하니 어떻게 하면 재미있게 쓸까 새로운 고민이 생겼다.

며칠 후 ㅊ 선생을 만나 그 이야기를 했더니 한마디로 명쾌하게 답을 내린다.

"그러면 편지지에 수필을 써요."

3

칠십 넘은 ㅈ 선생님께서 지난여름에 등단하셨다. 사방이 꽃과 나무로 가득한 야생화 황토집에 사는데 마음은 언제나 소녀 같다. 예전보다 글에 신경을 많이 쓰신다. 가끔 전화가 오면 고민이 많으시다.

어느 날, A4 용지 서너 장을 세로로 붙여 두루마리처럼 둘둘 감아 가방 속에 넣어왔다. 수필 한 편이 손글씨로 빽빽하다. 잘나작 세 명을 불러 놓고

"아직 제목을 못 정했는데 조언 좀 해 주세요. 장꽃, 장맛 중에 뭐가 좋을까?"

"선생님 나이로는 장맛인데 너무 뻔하고, 장꽃으로 하려면 간장 위의 핀 꽃이라 젊게 써야 할 텐데요."

"아하, 맞다. 내가 그게 어렵다니까. 그래도 젊게 쓰고 싶어."

"댁에 가셔서 간장 단지 열어놓고 꽃으로 할까, 맛으로

할까 정하면 안 될까요?"

"그럴까? 간장 항아리 안고 있어 볼까나."

"젊은 꽃 되시려고요?"

"어이쿠, 다 들켰네."

4

초겨울 날씨가 매섭다. 날씨와 대조되는 마음이 따뜻한 ㄱ 선생님과 아·점을 먹기 위해 모처에서 만났다. '잘나작'은 나와 ㅊ, ㅂ 선생 모두 셋인데 만나면 신나는 문우들이다.

우리는 삼 년 전, 수필 수업에 발표한 글 덕분에 의기투합했다. 마음을 우선한다는 조건으로 문화거리 용천지랄 카페에서 나중에 '잘나가는 작가'가 되고 싶다는 뜻으로 이름을 지었다. 간혹 잘나작을 무한 질투하는 이가 있었는데 그중 가장 심한 이가 '막 나가는 작가'를 자처하며 막가파를 급조한 대표 주자 ㅈ 선생님이다. '잘나작'을 부러워하는 이유는 아마 무한긍정 에너지가 솟기 때문이리라.

보쌈 수육, 배추쌈, 맛있는 밑반찬을 앞에 두고 밥을 먹었다. 고복격양鼓腹擊壤으로 여유가 넘치는데 갑자기 ㅊ 선생이 진지하게 된장찌개 뚝배기를 두 손으로 감싸 안으며 반쯤 눈을 감은 채 중얼댄다.

"옹기. 옹기는 질그릇과 오지그릇의 통칭이다. 가정에서 쓰는 옹기는 독, 항아리, 뚝배기, 푼주 동이, 방구리 등으로 나뉜다…."

"? 아–하하하!"

"수필 낭송 준비에 정상이 아니야."

우리는 식당이 떠나가도록 웃으며 그 열정을 칭찬해 주었다. 지난 일 년 집안일로 우울했던 ㅊ 선생이 드디어 정상 궤도를 찾아가고 있다. 마음을 잘 다스리고 열심히 본연의 모습을 되찾아가는 모습을 보니 마음이 놓인다.

잘나작 모임은 시너지 효과를 일으키는 힘이 있다. 우리는 수필을 쓰면서 오래 만나고 싶어 한다. 글쓰기에 경제적 환산 가치는 따질 수 없으나 좋아하는 글쓰기로 행복해지고 싶다. 마음 계산, 돈 계산, 외모 계산, 나이 계산, 어떤 이해타산을 따지지 아니하고 문학에 대한 열정으로 늙어가는 것이 유일한 바람이라 하겠다.

'옹기'라는 수필은 내가 속한 문학회 회장님께서 고故 김수환 추기경을 추모하며 쓴 글이다.

"옹기는 질그릇과 오지그릇으로 나뉜다…."

옹기라는 말은 영하로 내려가는 추위조차 견디게 하는 은근한 힘이 들어있다. 아무래도 중독이다. 종일 입에 붙어 중얼거린다.

아줌마, 몇 시에 문 닫아요?

오래전 일입니다. 부산 북구 주민자치센터마다 작은 마을문고가 생겼습니다. 저는 덕천동에서 자원봉사하고 있었지요. 수작업으로 도서 대출과 반납하던 일이 컴퓨터가 보급되는 바람에 도서 출납이 바코드로 간단하게 이루어지던 시절이었습니다.

저는 바코드를 찍고 책을 정리하는 것 이외에 자원봉사 전문가답게 하고 싶었습니다. 현실적으로 무엇이 도움이 될까 고민하고 있었는데 마침 북구청에서 '자원봉사 체험사례발표' 대회를 열었습니다. 봉사하는 회원들이 아무도 나가지 않겠다고 해서 무작정 용기를 내었습니다. 사실 일등에 큰 상금이 걸려있었기에 재정이 열악한 문고에 책을 살 수 있으면 좋을 것 같다는 마음으로 참가했습니다.

안녕하십니까.

귀여운 아이들과 즐겁게 지내는 덕천3동 새마을문고 지킴이 남정언입니다.

천구백구십구년 삼월에 문고가 문을 열어 아들딸과 가끔 책을 빌리러 가곤 했습니다. 그때는 삼백여 권의 기증받은 헌 책밖에 없었고, 자원봉사자들이 일일이 수작업으로 기록하며 책을 빌려주었는데 항상 웃는 얼굴로 수고해주시는 봉사자들의 모습이 참 인상 깊었습니다.

일 년 전부터 저도 우리 문고에서 자원봉사 활동을 하게 되었지요. 지금은 오전 오후 조 스무 명이 넘는 봉사자들과 친하게 지내고, 문고와 관련된 일은 익숙해졌고, 매주 목요일마다 결석하지 않고 활동하고 있습니다.

우리 문고에는 맞벌이하시는 부모님이 많아서 문 닫을 시간까지 놀다가는 아이, 책 빌리러 와서 오랜만에 친구를 만나 반가워하는 아이, 컴퓨터 게임을 내려받아 친구에게 알려주는 아이, 바람의 나라 레벨이 몇 급인지 포트리스 Ⅱ는 어디에서 찾는지 정보를 주고받는 아이, 친구에게 메일 보내는 아이들로 항상 분주하고 활기찹니다.

이제 부산에서 우리 덕천3동 마을문고만큼 신간이 많은 곳은 없을 거로 생각합니다. 3개월마다 신간 도서 목록을 꼼꼼히 확인하여 200여 권 정도의 책을 사는데 어느덧 6,500권이 넘는 많은 도서를 비치하게 되었고, 그만큼 이용 기회를 지역주민에게 제공한다는 사실에 자부심을 느낍니다. 도서 대출과 반납 작업을 컴퓨터로 입력할 뿐만 아니라 인터넷을 할 수 있으며, 문고 공간도 전보다 훨씬 넓고 깨끗해져 그야말로 카페 같은 분위기로 문고에서 봉사하는 시간이 즐겁습니다.

작년에 우리 문고가 운영부문에서 부산시 최우수상을, 전국에서 장려상을 받았습니다. 문고 위치가 초등학교 가까이 있기에 이용객 80% 이상이 학생입니다. 저는 문고 행사 중 가장 으뜸이 '찾아가는 마을문고'라고 생각합니다. 문고 방문이 어려운 학생들을 위하여 한 달에 한 번 800권이 넘는 책을 고르고 묶어 양천초등학교로 직접 찾아갑니다. 찾아가는 마을문고는 한 권의 책이라도 더 읽기 바라는 부모의 마음을 아이들과 나누는 의미 있는 날이라 여깁니다.

개인적으로 저는 열렬한 문고 이용자입니다. 독서의 즐거움을 느끼고 3년 전 아들이 연말 다독상을, 작년에는 제가 독서왕을, 올해는 딸까지 합세하여 상반기 독서왕이 되어 가족 모두 보람이 컸습니다.

우리 문고에는 학생뿐만 아니라 일주일에 꼭 소설 두 권씩을 빌려 가시는 몸이 불편한 할아버지, 손자가 빌린 책을 대신 반납하러 오시는 할머니, 지난 겨울방학에 빌려 간 책을 다음 해 여름방학 때 가져와서 대출금지를 해제시켜 달라고 떼쓰는 아이, 책을 빌려 잘 읽고 친구에게 빌려주었는데 친구가 그만 책을 잃어버렸다고 의논하러 온 아이, 문고에 출근 도장 찍듯 하루도 빼지 않고 오는 아이, 친구 따라 강남 간다고 친구를 앞질러 독서왕에 도전하는 아이, 노래교실 때 일찍 오셔서 수험생이 필요한 책을 빌려 가시는 고3 어머니 등 다양한 분들이 오십니다.

저는 문고를 찾아오는 사람들 얼굴만 봐도 그날 어떤 종류의 책을 읽을까 알게 되었지요. 늘 오던 아이가 며칠 보이지 않으면 걱정이 앞서는데 아마 문고에서 자원봉사 활동을 하시는 분이라면 모두 저와 같은 마음이 생길 겁니다. 가끔 기억에 남는 특별한 일이 있는데 그중 한 가지만 소개할까 합니다.

작년 늦가을, 그때가 오후 4시였습니다. 막 문을 닫으려는데 남학생 한 명이 헐레벌떡 뛰어와서 물었습니다.

"아줌마, 몇 시에 문 닫아요?"

"왜 그러니?"

"자연 숙제해야 하는데요."

"그래? 아줌마가 도와줄 테니 문 닫는 거 걱정하지 말고.

백과부터 찾아보자."

저 역시 집에 가서 저녁 준비를 해야 하는 바쁜 시간이었지만, 아이가 불안해하는 얼굴을 보고 거절할 수 없었기에 함께 책을 찾아 숙제를 도우며 물어보았습니다.

"집에 책이 없니?"

"예, 우리 집에는 책이 몇 권밖에 없어요."

안타까운 대답을 들으며 문고의 필요성을 더욱 절실히 느꼈답니다. 남학생은 숙제를 끝내고 앞으로 숙제는 문고에 와서 하겠다며 돌아갔는데 정말 그날 이후 단골손님이 되었습니다.

자원봉사하면서 이렇게 보람도 크지만 속상할 때가 있습니다. 자원봉사자들은 어머니로 구성되어 있는데, 집안에 대소사가 많으니 약속된 일주일은 왜 그리 빨리 돌아오는지요. 또, 전날까지 멀쩡하던 아이가 갑자기 당번 날에 아파서 병원에 가야 하는 날엔 아무도 알아주지 않는데 저 혼자 자원봉사한답시고 뛰어다니다가 지쳐서 공연히 서글퍼집니다. 당번 짝지가 결석했는데 학생들이 밀물로 들어올 때는 정신이 없지요. 하지만 몹시 추운 날이나 비바람 치는 날에 홀로 문고를 지키고 있는 때, 아랑곳하지 않고 문고를 찾아오는 아이들을 보면 "아, 역시 나는 자원봉사를 잘했구나." 하는 중독된 마음에 심장이 두근거립니다.

컴퓨터의 황제 빌 게이츠에게 성공비결이 무엇인가 하고

물었더니 마을에 있는 공공도서관 덕택이라고 했습니다. 아직 우리 문고가 도서관만큼 규모가 거대하지 않습니다만 그 속에 담겨있는 지혜의 지팡이는 찾아가는 사람만이 가져갈 수 있다고 나름대로 생각해 봅니다.

저는 가까운 미래에 훌륭하게 자라나 있을 한 명 한 명의 아이들에게 정성껏 대하는 겸손한 문고 지킴이로 남고 싶습니다.

행운의 여신이 저를 곱게 봐 주어 최고상을 받았지요. 북구 신문과 MBC 라디오 방송 '자갈치 아지매'에 제 글이 소개되었습니다. 저는 자원봉사 체험사례발표를 계기로 새로운 일에 도전할 때 두려움 없이 시작하게 되었습니다.

행운은 노력하는 사람에게 찾아간다는 사실을 깨달으며 이십여 년이 된 오늘, 또다시 마음을 일으켜 세웁니다. 여전히 배울 것이 많고, 아직도 하고 싶은 일이 많아 세월을 붙잡고 싶습니다.

공룡을 찾아서

새벽 찬비가 내린다. 마음을 다잡고 길을 나선다. 겨울비에 우중충한 안개까지 덮여있다. 하루가 기대 이상의 선물이 되었으면 좋으련만. 동짓달 한 장 남은 달력의 숫자가 안간힘을 쓰며 단단히 매달려 떨어지지 않으려 한다.

지구에서 사라진 공룡을 찾아 나선다. 자연에서의 존재의미는 적자생존인데 갑자기 없어지는 생물체에 관심이 생긴다. 굳이 말한다면 올해 우리 사회는 겉으로 소리 높은 촛불, 속으로는 활화산을 무장한 침묵이었다. 정치에 실망하며 경제활동까지 자제하는 분위기로 침울하다 못해 우울한 분노까지 일어난다.

비에 젖은 고성 해안에 닿았다. 물미역 냄새나는 해안은 그의 흔적을 찾을 수 있는 곳이다. 인적 없는 길에 지나가는 자동차 한 대도 없다. 그 흔한 길고양이 한 마리조차 보이지 않는다. 흑백 사진처럼 일상이 멈춘 적막만이 감돈다. 해풍을 맞으며 건강하다고 소리치며 매달려 있어야 할 물메기가 긴 장대 위에서 꼼짝 못 하고 비닐에 덮여 있다. 비릿한 내음으로 몸을 푸는 겨울 바다가 다사다난했던 시간과 이별 준비를 서두른다. 바다가 쉬고 어촌 마을이 손 놓고 있는 날. 비만 계속 내린다.

바위에 바닷물이 들락거린다. 물이 넘실거리는 바위 나이테 위에 수만 년 쌓인 이야기를 수천 편의 책으로 쌓아놓은 듯하다. 반듯하게 놓인 밥상 같은 바위가 독특한 상족암에 눈을 주지만 빗물과 바닷물이 고여 발자국 흔적을 빨리 찾기가 어렵다. 일일이 찾아다니며 그의 움직임을 짐작한다. 크고 작은 자국들은 밀려든 바닷물에 인질로 잡혀 도망가지 못한다. 시간이 흐른다. 날이 좋으면 한눈에 바로 보일 흔적인데.

비 오고 안개 낀 날은 눈을 크게 떠야 하리라. 혼탁한 세상에 캄캄한 날이 이어져도 내가 서 있는 공간만큼은 바로 살펴보아야 한다. 무엇이 옳은지 그른지 알기 위해 몸의 촉각을 곤두세워 바위 아래 고인 물밑까지 꼼꼼히 훑어보아야 한다.

발자국은 퇴적층으로 쌓였다가 암석으로 굳어 바람의 시간과 세월의 파도에 눌려져 있다. 화산으로 지층이 식어 퇴적 바위에 흔적만 남아있는 한반도는 분명 그의 천국이었을 것이다. 공룡 발자국만 가득한 해안을 끼고 걷다가 바다 위 하늘, 하늘 위는 도대체 무엇인가. 과거의 공룡 발자국을 찾아야 하는 게 아니라 지금 우리는 현존하는 공룡 발자국을 찾아야 하지 않을까.

바다 해무가 짙다. 답답하다. 도대체 공룡은 어디에 있을까. 무소불위의 힘을 움직여 무리수를 두는 권력의 힘을 과연 공룡이라 부를 수 있을까. 혹시나 공룡이 모욕을 느끼지

나 않을까 할 말이 없어진다. 세상이 어지러워 눈앞에 보이는 현실을 분간하기 힘들 때면 '경설鏡說'이 떠오른다. 거울이 맑으면 잘생긴 사람은 기뻐하지만 못생긴 사람은 꺼린다. 세상에는 잘생긴 사람은 적고 못생긴 사람이 많으므로 만일 못생긴 사람이 거울을 보면 분명 흐린 거울을 깨뜨릴 것이니 차라리 흐린 것이 낫다는 말이다. 거울 본래의 맑음은 흐려지는 것이 아니기에 좋은 세상을 만나면 그때 닦아도 된다는 처세훈으로 우리 역시 평온한 시절이 도래하기를 기다리고 있다.

배들은 가까운 포구에 묶여 있다. 배는 움직일 때가 가장 아름다운 법인데 바다로 배를 몰고 나가는 어부의 생애는 바다의 숨결을 느끼며 만선으로 포구에 돌아올 때 살아있음을 느낄 것이다. 혹시 꼼짝 못 하고 묶여있는 저 배가 하늘에서 내려다보면 공룡 발자국으로 보이지 않을까?

양식장 하얀 조가비 무지가 이곳이 청정해역이라 대신 말해준다. 별안간 나타난 갈매기 한 마리가 바쁘게 날아다닌다. 저 백구白鷗는 왜 바다로 나왔을까. 가족을 부양해야 하는 평범한 서민의 가장인 어부인가. 혹시 조나단처럼 비상 연습을 하는 건가. 대답이 없다. 갈매기에 대한 타당한 이유 하나조차 제대로 짚지 못하는 어지러운 시절. 과연 하늘 위에서 보는 현실은 어떻게 보일지 궁금하기만 하다.

해안가 이정표를 따라 묵묵히 걷는다. 이 길은 또 다른 길과 이어질 것이다. 어떤 상황이라도 그럴 수 있겠구나 하고 생각해 본다. 백악기 공룡이 살던 그때도 분명 여러 가지 이유는 있었다. 살아있는 권력의 주인이 보통사람이 되는 세상이라면 어디를 가나 길은 통할 터이다.

겨울비는 숨소리를 죽이고 바다는 더욱 몸을 낮춘다. 해안 삼거리를 지나 산 위로 천천히 올라간다. 푸른 소나무에 매달린 물방울이 머리에 떨어져 얼굴이 발갛게 상기된다. 겨울은 추워야 제멋인데 철없는 진달래까지 피어있다. 선명하게 피어있는 진달래꽃. 산 공룡이 흘린 피눈물 같아서 애처롭다. 자연에서도 고정된 계절의 실체는 없는 듯하다.

주위를 둘러본다. 비바람이 고요해진다. 포구에 묶여있는 배가 바로 적막한 해안에서 손을 놓고 때를 기다리는 사람들? 그렇다면 살아있는 공룡은 분명 권력을 가진 이가 아니라 마땅히 평범한 국민이 되어야 하지 않는가. 바람이 움직이기 시작한다. 어서 날이 개기만을 기다리는 어부는 곧 그물을 손질하고 바다로 나설 것이다. 해안 끝에서 끝까지 한 바퀴 휘돌아나가는 갈매기가 하늘 끝까지 날아오른다. 날갯짓이 경쾌하다.

포구에 살아있는 생명이 꿈틀거린다. 공룡이 되살아나서 마음껏 건강하게 뛰어다닐 수 있는 밝은 날이 도래하기를 기다린다. 수천 년 이어온 상족암 주상절리를 걸으며 갑자기 가슴에 벅찬 환희가 일어난다.

"찾았다. 공룡!"

하루하루

내가 입원한 방은 8인실 402호다. 평균 다섯 명의 환자가 상주한다. 보통 교통사고로 입원해서 일주일 이내에 퇴원하는 단기 환자가 많다. 나머지는 골절로 다리를 묶어놓은 장기 입원환자다. 교통사고를 당한 20대 아가씨, 뺑소니 당한 30대 아가씨, 골절인 50대인 나, 인대가 늘어난 60대 젊은 할머니부터 80대 할머니까지 다양한 연령대다.

나는 길에서 넘어졌다. 보도블록이 빠진 것을 못 보고 발을 헛디뎌 어이없이 뼈가 부러지는 바람에 통깁스하고 입원을 했다. 입원실에서 특이한 사람을 많이 만났다. 그중 단연 으뜸인 86세 안동 권씨 할머니다. 연세보다 키가 크고 피부도 깨끗하다. 할머니는 침대에서 떨어져 발목 인대가 늘어나 병원에 오셨다.

입원 첫날 보호자들이 모두 집으로 돌아간 후 잠 잘 시간이었다. 화장실을 다녀오는데 엘리베이터 앞에서 할머니가 주춤주춤하신다.

"할머니, 어디 가세요?"

"우리 집에 간다. 이거 타고 내려갈 거야."

순간, 흠칫했다. 혹시나?

"할머니 집은 402호인데 방으로 가세요. 여기 할머니 이름이 있지요?"

나는 방문에 꽂힌 환자 이름을 확인시키며 방으로 모시고 들어왔다.

다음 날, 할머니는 살아온 이야기를 풀어내었다. 안동 권가이고 결혼하고 먹고 살기가 어려워 장사를 시작했단다. 친정에서는 여자가 장사하면 상놈이라 흉을 봐서 안동을 떠나 의성을 거쳐 대구에서 장사를 계속했는데, 자꾸 고향 사람을 만나니 멀리 부산으로 내려올 수밖에 없었다. 부산에서 아이를 낳고 정착하면서 45년 동안 배추, 무, 갖가지 채소를 차떼기로 사서 크게 장사를 했다. 내가 보기에 할머니가 젊었을 때 총기가 대단했을 듯하다. 그런데 지금은 물리치료나 화장실만 다녀와도 방향감각을 잃어 복도를 오가느라 돌아오는 시간이 꽤 걸렸다. 방으로 무사히 돌아올 때는 "내 이름이 여기 있네. 내가 방은 잘 찾아오지." 하면서 웃으니 마음이 쓰인다. 내가 보기엔 아무래도 치매 같다. 그것도 방향감각을 잃어버리면서 말이 많아지는 귀여운 증세의 치매다.

402호의 하루는 규칙적이며 단조롭다. 아침 점심 저녁 딱딱 시간 맞춰 주는 편한 밥을 먹고, 오전 오후 주사 맞고, 다리를 올려놓고 안정을 취한다. 나는 집 걱정은 버리고 오직 내 몸만 생각했다. 집밥 같은 식사가 나오면 먹기 전 인증 사진을 찍어 저장하는 즐거움도 있지만, 링거를 맞는 일주일이 지나가니 병원 생활이 슬슬 답답해지기 시작한다.

그럴 때는 할머니와 이야기 나누며 시간을 보낸다.

할머니를 자세히 보니 흰머리 밑에 다시 검은 머리가 나고 있다. 장수하실 듯하다. 자녀들은 잘 커서 의사와 교사도 있단다. 스스로 깜박깜박하는 증세를 느끼는지 종종 하나님이 부르면 빨리 가고 싶다고 말씀하신다. 남아선호사상이 강한 할머니는 큰아들 내외와 새 아파트에 입주해 살다가 며느리가 병이 생겨 병원에 입원하는 바람에 돌봐 줄 사람 없는 찬밥 신세가 되었다. 둘째 아들 내외도 맞벌이 부부라 돌봐 줄 입장이 안 되고, 큰딸은 서울에 살아서 어쩔 수 없이 막내딸이 온종일 보호자 역할을 하고 있다.

어느 날은 내 목발에 눈독을 들였다. 어디서 샀느냐고 묻더니 딸에게 사달라고 조른다. 그러다 반깁스로 입원한 환자를 보면 자기도 발목을 붕대로 감아주면 안 되냐며 간호사에게 매달린다. 깁스나 목발을 하면 몇 주 입원하는 걸 알고 병원에 오래 있고 싶어 그러시는 거 같다. 며칠 만에 할머니의 발목 부기가 빠지고 보호대를 뗐는데 집에는 가기 싫다고 하신다.

어제는 한여름 같은 더운 날씨였다. 병실도 더웠다. 물리치료를 마치고 간단한 샤워를 한 할머니가 단잠을 주무신다. 보호자인 막내딸과 친해져 더 많은 사연을 들었다. 할머니 가슴은 유방암 절제 수술을 했고, 다리에는 관절 수술로 큰 갈고리 모양의 흉터가 있고, 발목 인대는 부어 마치 달팽이가 평생 집을 지고 다니다 알맹이가 빠지고 껍데기만 남은 거와 같다며 눈물 흘린다. 가지고 있던 재산은 홀라당 맏아들에게 다 주고, 병원비나 생활비는 둘째 아들이 내고, 당신은 이러지도 저러지도 못하는 처지라 했다. 현재 상황을 오빠들은 제대로 모른다며 속상해했다. 만일 할머니 재산을 자식들에게 골고루 나눠 주었더라면 서로 모시려 했을까. 과연 딸보다 먼저 며느리가 미쁘게 모시겠다고 말할 수 있을까.

치매 환자와 가족의 고통에 대해 고민을 해 보는 시각, 벽에 걸린 TV 뉴스에서 새로 당선된 대통령이 치매 국가책임제를 통해 치매 걱정 없는 복지사회를 만들겠다는 반가운 정책을 발표하고 있다.

할머니는 밤낮이 바뀌었다. 매일 아침 식사 후 약 먹고 주사 맞고 이야기하다 졸기 시작한다. 오후에 위문 오는 방문객들을 구경하다가 돌아가면 저녁을 먹고 달게 주무신다. 402호 전체가 잠드는 밤이 되면 "아~ 참 잘 잤다." 하며 개운한 눈빛으로 일어나신다. 모두에게 난감한 시간이 시작된다. 젊은 사람들의 이야기에 시시콜콜 개입하며 한바탕 이야기를 시작한다. 젊어서 장사한 이야기나 세상 이치, 형제간에 우애, 자식 키웠던 이야기를 듣다가 하나둘 잠이 든다. 할머니 혼자만 잠 못 이루고 침상에 앉아 있다가 새벽 4시가 되면 복도로 나가 한참을 서 있다가 들어와 다시 누워 잠을 청한다. 402호는 깊게 잠들지 못한다.

입원 환자들은 하루빨리 완쾌되기를 기다린다. 20대 아가씨는 퇴원하면 유럽여행을 다녀와 재취업의 꿈을 갖고 있다. 30대 중반 아가씨는 몸을 빨리 회복해서 생업으로 돌아가야 한다. 50대인 나는 학생들과 공부해야 하며, 60대 젊은 할머니는 유치원 다니는 손자를 돌봐야 하고, 80대 할머니는 퇴원하면 교회 경로당에 나가 친구들과 이야기꽃을 피울 것이다.

402호는 대략 아침 7시에 잠을 깬다. 창문을 활짝 열어 새 공기를 받아들인다. 식당에서 흘러나오는 음식 냄새를 맡으며 또 하루를 시작한다. 내 다리뼈는 어제보다 야물게 붙어가고 있다. 잠시 멈춘 시간은 모두에게 보약이 되리라 믿는다.

중년의 낭만

음악이 흐른다. 노래 분위기에 물드는 사람들. 함께 지켜보는 우리 또한 무엇에 물들고 싶었을지 모른다. 팝송을 부르며 곱게 물들고 번져나가는 개성 있는 나를 찾아 나답기를 소망하는 순간이다. 그 속에서 우리는 억제할 수 없는 열정, 꿈, 자유로운 감정을 찾아간다.

서면에서 부산 팝송 문화를 선도하는 '낭만 팝 아카데미 송년 발표회'가 열렸다. 축제는 정기 발표회 형식으로 진행하는데 회원과 가까운 친지들이 모여 흥겨운 연말 모임을 겸한다. 오프닝 인사를 시작하는 DJ의 축하가 낭랑하다. 한

해를 건강하게 마무리하자는 메시지와 팝 아카데미의 눈부신 성장을 자축한다. 아카데미의 발전은 회원들의 정성이 있었기에 가능했다며 분위기를 띄운다. 본격적인 발표가 시작되기 전, 따뜻한 음식과 붉은 포도주를 즐기면서 빛나는 드레스의 우아함, 테이블에 흐르는 낭만이 꽃처럼 피어난다.

〈Hava nagila〉가 들뜬 분위기를 집중시킨다. 이어 〈For the good times〉, 〈Once there was a love〉가 긴장을 풀어준다. 회원들이 어색한 표정으로 쭈뼛쭈뼛 무대 위로 오르는데 반주가 흐르기만 하면 표정과 몸짓이 돌변하면서 무대를 즐기는 것이 아닌가. 자기만의 목소리와 분위기에 어울리는 노래를 부르면서 작은 동작까지 연습했기에 느낌이 독특하다. 자유롭게 노래 부르며 손뼉을 친다. 마지막 〈Shape of my heart〉와 〈Hotel California〉를 부를 때 관객 모두 자리에서 일어났다. 춤추며 합창하는 절정의 시간에 빠졌다는 어느 문인의 글을 읽었다.

내가 초등 고학년이었을 때, 사이먼 & 가펑클의 〈El condor pasa〉, 〈Bridge over troubled water〉, 〈The sound of silence〉를 즐겨 들었다. 요즘 영어는 유치원과 초등학교부터 배우지만 그때는 영어를 중학교 1학년부터 배웠다. 대학생 오빠가 기타 치며 부르던 팝송을 따라 부를 수 없어 영어 발음을 한글로 적어가며 비슷하게 불러보려고 애쓴 조각 기억이 새롭다. 또래보다 서양문화를 먼저 접한 나는 조숙한 아이였을지 모른다. 기타는 코드 몇 개를 익혀도 연주할 수 있는 곡이 있는데 전화 통화하다가 갑자기 전화기를 앞에 놓고 기타 치며 팝송을 불러주던 오빠의 연애사가 기억난다.

내가 좋아하던 비틀스의 〈Yesterday〉나 〈Let it be〉가 흐르던 추억의 엘피판이 사라져 간다. 그나마 추억의 7080 DJ가 있는 음악감상실에 가야 잡음이 들어간 엘피판 음질을 들을 수 있다. 우리 집 별표 전축에서 나오던 모든 음악을 MP3 파일로 깨끗하게 듣고 있는 디지털 시대에 아날로그 추억이 그리운 이유는 무엇일까. 사람들은 왜 팝송에 도취할까. 아마도 노래가 열정을 불러내지 않았을까 한다.

억제할 수 없는 새로운 문화는 젊음을 자극하며 대중문화로 성장 발전했다. 동요를 불렀던 아이가 청년 문화를 동경하며 어른들 세계에 따라 들어가고 싶었던 노래, 그 노래 중의 하나가 추억의 팝송이다. 세월이 흐르고 나이는 들어간다. 나는 그 추억에 흔쾌히 초대받는 손님이 되었다.

음악은 설명할 수 없는 무언의 힘이 있다. 특히 팝송은 청바지와 통기타, 생맥주가 어우러진 자유분방을 상징하는 서구 문화의 대표라 할 수 있다. 우리 토종 된장과 상추, 막걸리에 비교해 따라 하고 싶은 충동적인 힘이 크지 않았을까. 7080세대는 자유를 갈망하며 팝송을 처음 맛본 세대다. 그들에게 팝송은 과거의 추억과 꿈을 기억하며 되찾고 싶은 젊음을 그리워하며 내적 본능을 끌어내는 강한 어떤 힘을 가지고 있다 하겠다.

낭만을 찾아주는 DJ가 있다. 그는 유학을 다녀와 입시학원을 운영하며 남부럽지 않은 삶을 살았지만, 방송에 대한 갈증을 풀지 못했다. 음악평론가와 팝가수, 작사가로 활동하면서 7080 팝송을 직접 선곡해 노래에 담긴 시대상까지 해설하며 중년의 희망을 되살려낸다. 그는 매일 밤 10시 TBN 부산교통방송(FM 94.9) 〈낭만이 있는 곳에〉를 진행하고 있다. 40대~60대가 학창시절에 들었던 팝과 가요를 들려주며 부산을 중심으로 공연 기획과 아카데미를 운영하는데, 작년에 문화거리 쪽으로 옮겨왔다.

그가 서울에서 부산으로 내려와 마이크를 잡은 건 2012년 11월이다. 서울과 인천에서 라디오 DJ로 활동했고, 자신을 DJ 길로 들어서게 했던 'DJ 계의 전설' 고故 김광한 씨의 장례식 날을 빼고는 매일 밤 10시 생방송 라디오에 임할 정도로 성실한 사람이다. 부산 음악 발전에 힘을 보태고 싶다는 포부를 가진 그가 중년을 위한 음악 축제를 만들었는데 바로 '낭만 팝 아카데미 축제'다.

그의 부친은 최동욱 씨다. 60년대 '한국 최초 라디오 DJ'라는 호칭을 사용한 원로 DJ다. 한국 DJ의 날은 10월 6일인데, 그의 아버지 최동욱 씨의 첫 방송일이다. 방송하는 부자로 4대 독자인 그가 특별히 아버지께 올리고 싶은 헌정 공연을 기획 중이며 2018년 제54회 DJ의 날은 부산에서 열릴 예정이다.

팝 아카데미 수업 분위기는 유쾌하다. 팝송 가사를 익살스럽게 설명하기 때문에 회원들은 팝송을 두려워하지 않는다. 느낌 있는 노래를 부르는 것이 어떤 것인지 직접 보여준다. 가사를 이해하되 개성이 묻어나게 노래하길 권하는데 회원들은 영어도 배울 겸 팝송을 배우며 수업에 만족해 한다. 팝 아카데미 수업은 중년의 문화가 있는 시간, 대중문화의 열정을 추억하는 시간을 제공하고 바쁘게 살아가는 사람들에게 사랑방 역할을 한다. 또 연말 자선공연 수익으로 연탄배달을 4년째 실행하는 옹골찬 행사를 펼치기도 한다.

문화는 하루아침에 만들어지지 않는다. 사람도 하루아침에 완성되지 않는다. 최성원 DJ는 방송을 진행하면서 출연가수 코너가 있어도 섭외되지 않는 부산의 척박한 음악 저변을 안타까워한다. 활력이 샘솟는 부산 문화거리에 다양한 문화가 공존하면 좋겠다.

나이를 초월한 중년이 늘어간다. 그들은 자유로웠던 젊은 시절을 그리워한다. 오래된 팝송은 소소한 즐거움을 찾는 중년의 헛헛한 마음에 낭만을 부르고 있다.

역설, 옥獄에서 해탈을 꿈꾸다

– 김형구의 〈수인번호 257번〉

간힌 공간, 감옥에서 영원한 해탈을 꿈꾼다니 보통 사람이라면 받아들일 수 있을까. 일반적으로 공권력에 의해 감옥에 갇힌 자들은 형을 살고 만기 출소를 바라거나 탈옥을 꿈꾼다. 그러나 그들에게 있어 감옥에 들어가는 이유는 죄에 대해 대가를 받기 위함이다. 해탈의 경지, 절대 고독을 누리려고 갇히는 건 아니다.

일상적 세계의 차원에서 모순되는 진리가 높은 차원의 세계로 의미가 탄생한다는 점에서 우리는 수도자와 같은 삶을 살아야 하는 화자의 숙명과 만난다.

멋모르고 저지른 죄였다. 가슴이 답답할 때 글을 썼다. 그냥 가지고 있어야 할 글을 이 동네 저 동네 뿌린 게 화근이었다. 결국, 나는 스스로 체포되어 글 감옥에 갇히고 말았다.

전문적이든 아마추어적이든 글을 쓰는 사람, 즉 작가는 스스로 들어가 앉은 '글 감옥'을 단박에 알아차린다. 글의 감옥으로 은유 되는 세계, 절대 고독이 작가 자신을 옥죄었지만, 그 고독을 이겨낸 자만이 살아남는다는 것 역시 잘 알고 있다. 작가는 다산, 초의, 추사 등의 거장들이 절대적 고독의 시간을 견뎌 시대를 뛰어넘는 사상가로 성장했던 밑바탕을 알기에 스스로 갇히고 얽매이기를 주저하지 않는다. 오히려 자신이 선택한 고행 속에서 행복을 찾아내려 한다.

'자율의 벽'을 넘어 '스스로 감옥에 갇히는' 것은 독자와 작가와의 관계를 저버릴 수 없기 때문이다. 작가는 글을 쓰지만, 독자를 의식하지 않을 수 없으므로 이 또한 역설적인 관계일 수밖에 없다. 독자는 작가 정신으로 무장하고 독자를 일깨울 수 있는 선각자적 존재를 원하고 있을 터이다.

작가 김형구는 경기도 김포 갈산리葛山里가 고향이다. 현재 그곳에서 생업에 종사하는 생활인이다. 칡뫼 김구라는 이름으로 작품 활동을 하는 화가이며 시인이다. 수필 〈색계〉로 2012년 《에세이문학》 가을호에 초회 추천, 〈고승을 찾아갔다가 부처님을 만나다〉로 2013년 《에세이문학》 봄호에 완료 추천되어 활동하고 있다. 〈수인번호 257번〉은 2014년 《에세이문학》 여름호에 발표한 글이다.

작가의 블로그 '칡뫼'에 가서 보면 작가의 삶이 얼마나 치열했던가를 짐작할 수 있다. 생활인으로 큰 빚을 안고 파산한 적도 있었다. 오로지 돈을 벌기 위한 십 년 세월은 고된 인생을 배운 시기였으며 값진 글을 쓰기 시작한 계기가 되었다. 삶의 고단함과 힘겨움을 배설할 목적으로 시작한 시와 수필 쓰기가 얼마나 절실했을 것인가.

작가는 경제적 빚 갚기가 마무리되어 갈 무렵 시, 그림, 수필 등 문화예술 전반에 시선을 풀어놓기 시작한다. 전문인으로 거듭나기 위해 스스로 만든 감옥으로 걸어 들어가

창작에 전념한다. 돈과의 이별을 그린 수필 〈사랑하는 당신에게〉에서 선언한 것처럼 치열하게 글을 쓰는 작가는 어떤 삶을 사는가.

> 고치고 또 고쳐 썼다. 구성을 바꾸기도 하고 수식어, 조사, 부사, 맞춤법에 띄어쓰기까지. 200번은 넘지 싶었다. 그 덕인지 그리 나쁜 평가를 받진 않았다. 몇 차례나 고쳤냐는 말에 언뜻 257번이란 말이 튀어나왔다. 그 일로 나는 '이오칠'이란 별명을 얻었다. 별명은 '열심'이라는 의미로 다가왔고 싫지가 않았다. 그날 이후 나는 스스로 257번 수인이 되었다.

작가는 제대로 써야 한다는 압박감을 안고 글을 쓴다. 처절하리만치 쓰고 고치기를 반복한다. 헤밍웨이가 10만 단어를 버리고 다시 쓰기를 이백 번 정도 했다는 『노인과 바다』에 견줄만한 '257번'의 퇴고 과정을 거쳤다고 자신 있게 말한다.

《첫인상》이라는 제목의 작품을 집필했으나 출판사로부터 출간을 거절당하며 17년 동안 개작하여 《오만과 편견》을 내놓은 제인 오스틴, 아날로그 방식인 원고지에 손으로 글을 쓰는 작가이면서 조사 '은'을 쓸까, '는'을 쓸까 고민했다는 김훈 작가, 진달래꽃을 발표하고도 고치기를 계속하여 다시 발표했다는 김소월 시인의 이야기를 우리는 익히 들어 알고 있다. 한 편의 글을 쓰기까지 장르를 불문하고 쓰기 전 단계에서부터 쓰고 난 후 퇴고하는 과정의 시간까지 작가만이 품어야 하는 절대적 고뇌의 시간이었음을 시사한다.

그런 시간과 더불어 작가는 '밥만 먹고' 살 수는 없는 '글을 쓰지 않으면 안 되는' 숙명을 받아들인다. 인간만이 가진 도구인 언어, 그 도구를 사용하는 방법을 완전히 몸에 익혀야 한다. 산골에 칩거한 채 집필 활동을 하는 마루야마 겐지의 말처럼 감탄할 만한 문장을 내면에서 길어 올리기 위해 '자신을 지켜내기 위한' 감옥 생활을 지속해야 한다.

이규보의 한시 시벽詩癖에는 밤낮을 자지 않고 시에 빠져 읊조리는 장면이 나온다. 이규보는 시를 쓰지 않고 배길 수 없는 버릇. 시 쓰기를 그만두지 못하는 이유는 시마詩魔가

붙었기 때문이라며 창작의 괴로움을 말한다. 하지만 창작의 괴로움만 있겠는가.

> 난 그날 이후 글이 칭찬받는 날이면 꿈결처럼 몸이 둥둥 떠올랐다. 겨드랑이에 날개가 솟아 하늘을 나는 느낌이었다. 속 비치는 날개를 달고 바람처럼 나는 잠자리나 고운 꽃가루를 묻히고 화려한 날갯짓을 하는 나비가 이런 기분일까. 튼튼한 날개에 예리한 눈을 가지고 높이 나는 독수리야말로 이런 기분일 거야. 그래, 날개를 달고 훨훨 높은 담장을 넘어 더 넓은 세상으로 날아가는 거야.

여기서 우리는 고통의 시간을 지나온 자만이 누릴 수 있는 희열과 잠시지만 벗어나는 자유를 맛본다. '감옥'과 '탈옥' 그리고 '벗어남의 자유를 만끽하는' 영화 〈파피용〉과 〈쇼생크 탈출〉을 떠올리게 된다. 작가란 글을 쓰지 않겠다고 결심하지 않는 한, 자유를 얻기 위한 탈출의 처절함은 영화의 주인공과 사뭇 다르다. 탈옥에 성공해도 다시 옥獄으로 들어갈 수밖에 없는 이유이기 때문이다.

글 감옥은 수필동과 더불어 시동 소설동의 수인들로 항

상 붐빈다. 수필동 수인의 모습은 독방에 있으면서 수필 성격상 감옥의 간수와 감옥 밖의 사람들과 소통도 해야 하고, 진실한 자세로 수형 생활을 잘 견뎌야 한다. 그래서 시동이나 소설동의 수인보다 '자신을 지켜내기'가 더 어려울 수 있으므로 이겨내어야 한다.

작품에서 화자는 '257번'이라는 집념으로 퇴고한다. 인내의 과정을 통과하여 글이 발표되었다고 자랑스럽게 말한다. 글 한 편을 완성하기 위해 새벽에 잠들었을 수많은 날을 헤아려 본다. 다만 멋진 형상화에도 불구하고 조금 더 다듬어졌어야 할 문장에 모호함이 조금 남아 있다. 쓰고 지우고 다시 쓰기에 있어 257번이 중요한 것은 아니리라.

> 맞춤법을 어기고 띄어쓰기를 제대로 하지 않은 죄. 거기에 수준 낮은 사유와 자기 자랑 투의 어법, 세상 고민은 혼자 다 한듯한 넋두리 등. 죄목이 수두룩했다.

죄목을 나열해 보면 '맞춤법을 어기고 띄어쓰기를 제대로 하지 않은 죄. 거기에 수준 낮은 사유를 펼친 죄, 자기 자랑 투의 어법을 남용한 죄, 세상 고민은 혼자 다 한 듯한 넋두리를 늘어놓은 죄 등. 죄목이 수두룩했다.'를 '맞춤법을 어김, 띄어쓰기를 제대로 하지 않음, 거기에 수준 낮은 사유하기, 자기 자랑 투 같은 어법의 사용, 세상 고민은 혼자 다 한 듯한 넋두리 늘어놓기 등. 죄목이 수두룩했다.'라고 한 문장에 하나의 내용만 넣어야 더 분명해지지 않을까.

> 가끔 자신의 글이 주례사 같은 평론이나 인사성 칭찬을 들으면 들떠서 출소를 기다리느니 탈옥을 하겠다는 사람도 있었다.

또한 '~이나'로 문장을 이어가면 앞과 뒤가 대등하게 연결되어야 하는데 그렇지 못하다. '주례사 같은 평론'을 마주하고 '○○○과 같은 인사성 칭찬'을 들으면 같이 글을 마무리해야 어색하지 않을 것이다.

개인적으로 글의 제목을 '수인번호 257'까지만 적겠다. 번호에 번이 들어가 있어 중첩되어 제목에서만큼은 빼는 것이 나을 것이다. 퇴고하기를 꺼리지 않는 치열한 작가 정신으로 몇 개의 문장 오류들은 감옥 생활을 통해 가까운 시일 내 고쳐질 것이라 믿는다.

자기검열에 '열심'인 수인번호 257번으로 살아가는 작가에게 희망한다. 프로의 세계는 냉혹하다. 작가는 시 · 서 · 화를 아우르는 진실하고 겸허한 수필 세계를 만들어 해탈하기 바란다. 아울러 수필을 공부하는 우리도 생각의 날개를 달아 더 넓은 세상으로 나가야 한다. 자기 안에 있는 아픔을 치유하여 괴로움을 벗어버리고 창작의 열반涅槃에 드는 독수리가 되기를 부탁한다.

코이의 법칙

기다린다. 모래 위를 서성거린다. 바닷가 어둠에 묻힌 몸이 으스스 떨린다. 해뜨기 직전이 가장 춥다는 어둑새벽. 추웠다. 장갑이 얼어 손이 무뎌지고 버석거리는 신발 속 모래에 발마저 시리다. 몇 시간을 그렇게 서 있다. 푸르스름한 동살이 잡힌다. 소원을 담은 풍등이 조심조심 하늘로 날아오른다. 풍등은 물 먹은 별이 되어 하늘에 박힌다.

새해 첫날, 정동진 바다가 화들짝 놀란다. 동해의 붉은 해가 힘차게 떠올라 한 아름 소망을 안고 하늘로 향한다. 해를 바라보는 얼굴이 말갛게 빛난다. 오늘은 더욱 새롭다. 그녀의 몸은 찬바람을 맞고 의미심장하게 견딘다. 아니 새해를 즐기고 있다고 해야 하나. 백사장을 가득 메운 인파 속에서 남극의 펭귄이 생각났다.

황제펭귄은 세찬 눈보라 속에서 떼 지어 몸을 맞대고 견딘다. 어미들은 어린 새끼를 털 속에 품거나 무리 가운데로 몰아 겹겹이 자리를 바꾸며 체온을 유지하는 허들링Huddling을 한다. 펭귄무리가 몸을 밀착한 군집의 바람막이는 어린 펭귄과 가족을 보호하는 성곽이 된다는 사실을 알았다. 해맞이 나온 인파들도 겹쳐 서서 타인의 희망까지 지켜주고 있다.

새해는 여전히 겨울이다. 계절은 돌고 돌아와 곧 눈 속에 매화가 필 것이고 얼음장 밑 얼어있던 물고기도 입을 오물거릴 봄이 머지않았다. 그녀는 봄을 기다리며 새로운 꿈을 꾼다. 얼마 전 돌확 안에서 춤추던 물고기를 떠올린다. '코이'라는 관상용 물고기다. 코이는 어항이나 돌확에 키우면 보통 금붕어 크기로 자라지만, 연못 속에서 한 뼘 이상으로 커진다. 그런데 강물에서는 다섯 배 이상의 성장을 보이는 특이한 물고기다.

그녀는 한 마리 코이다. 그녀는 세상의 잣대로 공간을 구분하며 틀에 갇힌 삶이 싫었다. 가족이라는 어항이 힘들었다. 책임과 의무를 강요받지 않는 연못으로 도망치고 싶었다. 어떤 한계라는 기준 설정은 의미가 없으므로 탈출을 감행한다. 힘없는 코이가 터를 옮기며 이룩한 성장은 서러운 인생살이를 인내하고 극복하는 것으로 맞바꾼다. 앞으로 전진하며 성을 지키기란 쉽지 않다고 벌써 눈치챘으므로 이제는 연못에 적응하며 살아간다. 어항이냐 연못이냐 강물이냐가 문제가 아니라는 걸 알아내었다. 그녀는 두려움 없이 가뿐하게 뛰어넘는 자유로운 코이처럼 살기를 바랄 뿐이다. 모든 경계에 꽃이 피었고 새로운 삶이 시작되었다.

새벽까지 떠 있던 별이 사라졌다. 풍등이 어디로 떨어졌는지 보이지 않는다. 흔적도 없이 사라진 허망한 별을 그녀는 살아가는 희망이라 명명한다. 첫새벽은 춥지만, 곧 밝은 날이 될 것이다. 새해 첫날 떠오른 태양은 온 세상을 신나게 비추다가 붉은 온점으로 노을을 남기고 사라질 때, 인생은 살아볼 만하다고, 아름다웠노라고 말할 터이다.

연못의 코이는 다시 강물로 향하는 꿈을 꾼다. 그녀 자신과 보이지 않는 누군가를 위해 칼바람에도 쓰러지지 않는 방풍림 띠를 엮어내고 싶다. 밝은 해가 비추는 대낮은 해야 할 일이 많은 법이다. 고된 삶을 지탱해 주었던 희망과 자유를 찾아 도전을 멈추지 않는다. 어디서나 적응하는 코이의 법칙이 곧 그녀의 법칙이다.

오마주

'무하와 나 사이'라는 그림을 본다. 노란 액자 테두리 안에 핑크빛 드레스를 입은 금발 여인이 화려한 문양의 파란 머리띠를 하고 왼손에 깃털을 들고 있다. 지그시 두 눈을 내리깔고 깃털을 보는 듯, 마주한 여인이 들고 있는 앵초꽃 향기를 맡는 듯, 타로에나 나올 법한 여인의 이미지가 강렬하다. 과연 알폰스 무하를 오마주한 그림답다.

화가는 그림을 그릴 때 마음을 쏟아붓는다. 그림을 감상하는 순간 느낌이 새롭다는 것. 화면 가득 미세한 붓놀림,

밤을 새우며 작업했을 듯한 정성이 섬세하게 살아난다. 그림은 그야말로 화가가 나타내는 원시의 언어다. 그림처럼 수필도 말로 하는 것이 아니고 입으로 하는 것이 아니다. 나와 타인을, 세상을 보며 온몸으로 써야 한다.

수필을 쓰는 나에게 그림을 그리는 제자가 있다. 그녀가 대학에서 그림을 공부하고 있으니 꼬마 화가라 부른다. 내가 처음 그녀를 만난 것은 8년 전이다. 중학교 1학년인데 그림을 그리고 있었다. 초등학생 때부터 애니메이션이 좋아서 만화를 그리다가 공부를 등한시하게 된 여학생이다. 오즈의 마법사에 나오는 토네이도같이 공간을 이동시키는 질풍노도의 사춘기에 수채화를 그리기 시작했고, 여름날 장맛비처럼 지루한 시간을 보낸 후 한국화로 바꿀 때까지 쉬지 않고 그림만 그리던 학생이다. 사군자의 국화 그림이 제대로 그려지지 않는다며 징징거릴 때 나는 나만의 비법을 전수해 주었다.

나는 몇 년 동안 서예를 배웠다. 칠언고시 한문이 버거워 화선지 위에 비닐을 깔고 베껴 쓰는 연습을 천 장 정도 했더니 잘 써졌다. 그녀에게 국화 그림 위에 비닐을 덮고 화선지에 베껴 그리기를 수백 장 해 보라고 했더니 미술학원 원장님의 국화와 제자가 그린 국화가 분간할 수 없게 되었다는 일화를 남긴 학생이다. 여전히 그림이 좋아 동양화를 전공하고 있다.

글과 그림은 예술에 속한다. 그림은 누구나 그릴 수 있지만, 사람의 마음을 움직일 수 있어야 한다. 글도 누구나 쓰지만, 독자를 감동하게 하는 글은 드물다. 자신만의 언어로 대중을 깨우기 위해서 예술가는 유혹하는 법을 알아야 한다. 그래서 수필은 겸손한 마음으로 어깨의 힘을 빼야 한다고 하지 않는가. 같은 이치로 그림을 그릴 때 큰 틀을 잡고 구도와 색감을 찾아 편안하게 집중할 때 자신이 추구하는 색이 드러난다. 글이 마음을 위로하는 그림이라면 그림은 마음을 움직이는 무언의 언어라 하겠다.

나는 중학생이던 그녀의 그림을 보았을 때 미리 의논해 두었다. 언제가 될지 모르겠지만 미래에 책 한 권 낼 때 너의 그림을 책 표지로 꼭 쓰고 싶다고. 이유는 단순하다. 그녀가 사용하는 색이 정갈하고 그림을 향한 순수한 열정이 대단하기에 서로 인연因緣으로 여기며 흔쾌히 그렇게 하자고 약속했다. 그런 그녀가 알폰스 무하의 〈앵초와 깃털〉에 마주 보는 두 여인 중에 깃털을 든 여인을 오마주한 〈무하와 나 사이〉란 그림을 그렸고, 대학 공부가 자꾸 재미있어진다고 하니 기특하다.

알폰스 무하는 체코의 국민화가다. 현대 그래픽의 선구자라 평가받는다. 젊고 매혹적인 여성과 꽃을 소재로 한 아르누보양식을 즐겨 그렸다. 장식적인 문양에 풍요로운 색감이 넘치는 신예술의 정수라 할 수 있다. 내 제자가 존경하는 알폰스 무하를 위해 헌정하였으니 미술가의 자세를 잘 갖추었다 하겠다.

무하 역시 처음에는 평범한 작가였다. 프랑스의 유명한 여배우 사라 베르나르를 위해 제작한 포스터 〈지스몽다〉라는 연극 포스터가 대표적인 작품이다. 가로형의 포스터가 주를 이루는 시대에 세로의 포스터는 파격적인 시도여서 '무하 스타일'이라는 말까지 생겨났다. 묘한 색채와 품위 있는 여성을 소재로 한 작품은 폭이 넓어 연극 포스터, 극장의 무대장치, 의상, 삽화, 장식까지 매우 다양하게 사용된다. 무하를 좋아하는 제자가 개성 있는 자기 스타일로 성숙해지면 좋겠다.

나는 무하의 그림 〈백일몽〉이 마음에 든다. 순정만화의 주인공 같은 파리의 젊은 여인이 아름다운 드레스를 입고 있다. 넝쿨과 꽃이 가득한 원 모양의 배경은 여성의 화려함과 생명력을 표현하고 있다. 디자인 책을 훑으며 여유롭게 웃고 있는 여인, 삶에 지친 흔적이 없어 소녀의 무한한 청정함이 들어있다고나 할까. 천연색 석판화로 그린 백일몽을 보면 볼수록 작고 귀여운 그녀와 닮았다는 느낌이다.

수필을 쓰려면 육체의 눈만이 아닌 마음의 눈을 겸비해야 한다. "나는 예술을 위한 예술보다 사람을 위한 그림을 만드는 화가가 되기를 원한다."라는 무하의 말이 수필에도 응용된다고 믿는다. 나와 타자를, 너에게서 반사되는 형상을, 세상을 향해 확장하는 감시의 눈까지 갖추고 예술가는 대중을 감동하게 해야 한다는 진리를 알폰스 무하에게서 배운다.

동양화를 그리는 제자는 누구를 위한 그림을 그리려 하는가. 수필을 쓰는 나는 누구를 위한 글을 쓰려 하는가. 모름지기 나를 위해서이다. 그리고 마땅히 사람을 위로하는 그림과 글이 되기를 원한다. 그녀와 나는 각자의 스타일을 만들어 다양하게 작품활동을 하기를 갈망한다.

그녀의 그림을 보며 나는 〈자신의 춤을 추어라〉라는 글을 쓴 어느 수필가를 오마주하며 이글로 패러디하고 있다.

4부
천 개의 수필

저는 천 개의 손, 천 개의 눈을 가진 관음觀音의 넉넉한 마음을 닮고 싶습니다. 이제 많이 읽고 더 많이 쓰고 다듬어 '천 개의 수필'을 완성하는 것이 목표입니다.

쇼하라

쇼를 해라! 오빠가 근무했던 모 이동 통신사의 오래된 광고 문구다. 쇼하라며 유난스럽게 방정떨며 큰 행동을 했던 색다른 광고라 놀랐다. 시골에 사는 부모님이 보일러를 교체해야 하는데 도시에 사는 자식과 통화를 하면서 시골 부모님 댁의 남루한 형편을 익살스럽게 찍어 보내는 해학적인 내용이다. 휴대전화 영상을 통해 도시의 아들은 부모님 댁에 보일러를 바꿔줘야겠다고 결심하는 내용이다.

나도 쇼해 보자. 어릴 적 어머니는 밤만 되면 팔 남매 방에 불을 끄면서 일찍 자라고 하셨다. 학교 시험 기간에도 빨리 자라고 한 어머니가 생각나는 늦은 시간, 훌쩍 삼경三敬이 넘어간다. 거실에서 제 방으로 들어가는 식구들이 그만 자라고 한 마디씩 던진다. 아직 나는 내 책상이 없다. 그나마 등단을 핑계로 모니터만 바꾼 컴퓨터가 자리한 큰 책상은 가족이 공유하는 공간이다. 수필을 쓰기 전에 컴퓨터를 전용으로 쓰기 위해 미리 아들딸에게 성능 좋은 노트북을 안겨주며 입을 막아두었기에 이만한 것도 다행이라 여긴다.

쇼하는 엄마를 아들은 안쓰럽게 바라본다. 차 마시고 밥 먹는 다용도 공간 위에 수필을 쓴다며 밤을 꼬박 새우는 아주 많이 늙지도 젊지도 않은 애매한 나이의 엄마가 쉽게 이해되지 않는가 보다. 거기에 나만 읽을 수 있는 난해한 글지도가 그려진 노트를 펴 놓고 독수리 타법을 겨우 벗어난 딱따구리 타법으로 자판을 두드리는 모습을 보다가 슬며시 자리를 비켜준다.

몇 시간 후, 아들이 화장실에 가면서 여전히 컴퓨터 앞에서 끙끙대며 읊조리는 소리를 들으며 "안 주무세요?" 하며 묻고는 방으로 들어간다. 컴퓨터 화면을 보며 꼬박 밤을 지새우자 아침에 일어나서는 "한 편 다 썼어요?"라고 묻는다. 엄마가 대견한지 아니면 안타까운지 도저히 알 수 없다는 묘한 표정으로.

할 수 없다. 계속 쇼하자. 수필을 쓰기 시작한 후로 일부러 밤을 새운 적이 많다. 우리 집에서 나에게 빨리 자라고 말하는 사람은 없다. 다만 조금 투덜댈 뿐이다. 컴퓨터를 켰을 때 밥 달라는 아우성이나 빨래가 끝났다는 세탁기 알람 소리 정도는 완전히 무시한다. 자연히 집안일을 등한시한다. 오후부터 내 일을 해야 하므로 이른 아침이나 밤늦은 시간 아니면 글쓰기가 어렵다. 거기에 시험 기간이 되거나 행사가 많은 계절이면 수필 한 편 쓰기조차 힘들어진다. 간혹 아들이 묻는다.

"밤새지 마세요. 왜 그렇게 힘든 글쓰기를 선택하셨어요? 운동도 있는데…."

"그러게 말이야. 왜 그랬는지 모르겠다. 그냥 쓰고 싶은

게 많아서….”

매일 쇼를 해야 하는데 체력이 달린다. 아주 재미있는 일을 하듯 몰입하는 모습을 보여줘야 글 쓰는 엄마가 이해될 터인데. 열심히 하는 척이라도 해야 작가의 체면이 서는데 사실은 글 쓰는 엄마라 미안하다. 자식의 처지에서 보면 요리 잘하는 엄마가 훨씬 좋을 것이다. 형편없는 내 요리 실력은 지하를 파고 내려가다가 아예 기본적인 음식 간까지 잊어버려 기가 막힐 때가 많다. 어쩌다 하루 괜찮은 식단을 올리면 가족들이 감동하는데 상대적으로 삶의 기대치가 낮아야 바라는 마음도 없는 법이다. 모든 것을 다 잘할 수 없지 않은가.

언젠가 독립할 아들딸에게도 쇼하라고 외친다. 안민가安民歌에 '임금은 임금답게 백성은 백성답게'를 들먹이며 엄마는 글을 쓸 터이니 아들은 아들답게 배고프면 직접 요리해서 먹으라고 말이다. 의식주 정도는 스스로 해결하면서 시대가 요구하는 사람이 되어달라고. 거기에 덧붙여 홀로족이 많은 요즘 추세는 일식이도 이식이도 삼식이도 아닌, 자가 해결하는 남자가 인기 높다며 은근히 독립에 대한 무리수까지 둔다.

ㅈ 선생님은 결혼해 분가한 아들이 집에 자주 오는 것도 싫단다. 예전엔 주말마다 집에 오기를 목 빠지게 기다린 애인 같은 아들이다. 수필을 쓰면서 자주 오지 말라고 하니 엄마가 달라졌다고 놀란다. 글감이 떠오르고 있는데 이쁜 며느리가 안부 전화를 하면 안 받을 수 없어 받긴 하지만 빨리 전화 끊어라 할 정도로 수필에 푹 빠진 이야기를 들을 때 공감하는 손뼉을 친다. 소문에 의하면 ㄱ 선생님 수필 쇼는 격이 다르다고 한다. 문우와 함께 점심을 먹다가 글감이 떠올랐을 때 급한 일이 있다며 집으로 뛰어가 바로 글을 쓴다니 진정 혀를 내두를 만하지 않은가.

쇼하다가 SKY 대학에 진학한 사례도 있다. 중학교 때부터 내 제자였던 ㅈ 군은 고등학교 입학 후 전교 1등을 한번 하니 잠을 잘 수 없었다. 집에서나 학교에서 공부하는 척을 안 할 수가 없었다. 잠자는 시간 빼고 영어 단어장을 손에 들고 외웠고, 잠이 오는 야간자율학습시간에 야간등산에 쓰는 헤드라이트를 머리띠로 두르고 컴컴한 복도에 서서 잠을 쫓으며 진지하게 3년간 공부 쇼를 하다가 세계인재 전형으로 명문대학에 당당히 입학했다.

세상에 공짜 쇼는 없는 법이다. 행운과 요행의 기준을 내 나름대로 정의하면 자신이 노력한 만큼 결과를 거둔다면 행운이고, 자신이 노력한 것보다 큰 결과를 바라는 건 요행이라 생각한다. 내 행운을 믿어 보리라. 지혜의 신이라 불리는 나무 부엉이 두 마리를 사서 책상에 올려놓고 의미를 붙인다. 나무는 위로 올라가는 습성을 가지고 있고 부엉이는 닥치는 대로 먹이를 물어다가 곳간에 쌓아 두는 새다. 나도 나무 부엉이처럼 수필의 곳간에 무언가 채울 궁리를 하며 곳간에 쌓아둔 이야기 중에 하나씩 끄집어내 짝 맞추며 골똘히 생각해 보리라.

오늘도 밤새우지 말라는 아들과 딸의 부탁을 듣지 않는 질경이가 된다. 컴퓨터 전원 버튼을 꾹 누른다. 모니터를 보며 자판을 두드린다. 끈질기게 살아남아 있는 삶의 체험을 진하게 풀어내는 쇼를 시작한다. 작은 A4 용지를 펼쳐놓고 큰 쇼를 해 보리라. 누군가에게 말하고 싶었던 내 이야기가 문학이 되어 독자에게 감동으로 전해질 날이 분명 한 번은 올 것이라 기대하면서.

오늘도 쇼했다.

보일러 소리
– 영화 〈두 번째 겨울〉을 보고

목요일 아침마다 상가가 줄지어 있는 길을 지나간다. 보람찬 하루가 될 거라는 믿음으로 걷는데 검은 오토바이 두 대와 연달아 마주친다. 검은 마스크에 검은 장갑을 낀 체격 좋은 젊은이는 무엇을 휙휙 던지며 내 곁을 바람같이 스쳐 간다. 건물을 향해 던진 것은 명함 크기 인쇄물이다. 상가 바닥에 얼핏 보기에 열 장 넘게 흩어져 있다. '천사 일수, 사업자 대출, 당일 대출, 달 돈 대출, 쉬운 대출, 무조건 싼 대출, 일수 대출'이라 새겨져 있다. 경제가 어렵다는 생각은 잠시뿐이고 대출 가능하다고 찍힌 명함은 낙엽되어 처량하게 뒹군다. 언젠가 글감이 될 수 있을 것으로 생각하며 사진을 찍어 저장한다.

그날 오후, 부산국제영화제 초대권 한 장이 인편으로 전해왔다. 김의곤 감독 작품으로 〈두 번째 겨울〉이라는 영화다. 20대 신혼부부 이야기로 부부는 8평 원룸에 산다. 그들은 결혼하고 두 번째 겨울을 맞이하는데 궁핍한 생활을 할 수밖에 없다. 겨울에 보일러가 제대로 가동되지 않아 이사하고 싶어도 전세가 턱없이 비싸기에 엄두가 나지 않는다. 게다가 남편 현오는 회사에 사표를 내고 배우의 꿈을 이루고자 오디션을 보러 다니고 아내는 경력이 많아도 직장 구하기가 어렵다. 좁은 원룸에 사는 부부의 감정 없는 얼굴과 느린 동작 때문에 연기를 참 못하는 배우라 생각했다. 영화를 보면서 어쩐지 무력감이 드는 게 나만 이상하게 여겨지는 것일까.

영화가 현실 같다. 미래가 보장되지 않는 암울한 생활이 어떤가를 알기에 마음이 무겁다. 남편은 배우 오디션에 떨어지고, 아내는 결혼했다는 이유로 면접에서 좌절한다. 둘다 일자리 찾기는 쉽지 않고 원룸에 보일러가 고장 나기 일쑤이다. 전세는 계약만료가 되어 이사해야 한다. 몸과 마음이 춥다는 말이 저절로 나오는 추운 날에 집을 보러 다니지만, 집을 구하기가 쉽지 않다.

아직도 머릿속에 생생히 기억되는 장면이 있다. 젊은 부부가 부모님이 보내준 밑반찬으로만 식사하는 장면, 사랑을 나누고 싶어도 보일러가 꺼져 추워서 진도가 나가지 않아 깊은 키스만 나누는 슬픈 얼굴, 임신하면 안 되는 답답한 삶을 짐작하며 부부를 엿보는 관객인 내가 오히려 부끄러워진다. 부동산 중개인을 통해 집을 보러 갔을 때 따뜻한 유럽풍 아파트에서 꿀잠에 빠져 버리는 장면과 대출을 받아야 이사 할 수 있는데 수입이 없기에 아무것도 할 수 없는 상황이 서글프다. 금수저도 은수저도 아닌 흙수저 부부의 삶은 주위에 흔하디흔한 소재이다. 더욱 놀란 것은 아침에 만났던 검은 오토바이가 던진 날카로운 표창 같은 '무조건 대출'이란 명함이 젊은 남편 지갑에서 나왔을 때, 별안간 딸꾹질이 나왔다.

오래전 우리 집에 쌀과 기름이 떨어졌을 때 '참 쉬운 대출'이라는 사채를 빌려보았다. 남편이 운영하는 사업에 납품 대금으로 받은 어음이 억-하며 부도가 났다. 납품한 기계는 다른 곳에 저당 잡혀 회수하지 못했으며, 어음 금액을 고스란히 갚아주게 된 억장이 무너지는 일이었다. 살던 집을 정리해 부도를 막았지만 역부족이었다. 은행 거래가 정지되었고, 남편은 회사 문을 닫고 1년 가까이 백수로 지냈다. 결국, 쌀까지 떨어졌는데, 연년생 아이들이 너무 어려서 일을 하러 나갈 처지가 아니었다. 그때 원금보다 이자가 무서운 합법적인 고금리 대출을 빌렸다. 참 쉬운 대출은 돈이 급한 이의 숨통을 한순간 트이게 했다가 서서히 조여 오는 묘한 매력을 가지고 있었다.

돈을 빌릴 때는 한 달 후에 꼭 갚으리라 생각했지만 쉽게 갚아지지 않았다. 배보다 배꼽이 큰 이자를 감당하기 어려웠다. 하루에 수십 차례 이자를 내라는 협박 전화에 시달리며 사는 것보다 삶을 포기하는 게 수월할지 모른다는 생각을 했다. 석 달 만에 원금 두 배의 이자와 함께 갚았지만 그러한 대출은 살면서 막다른 골목에 다다랐을 때 궁여지책으로 하는 방법이 되어야 하리라.

영화 마지막에 남편이 지하철 안에서 살짝 잠이 든다. 차가운 원룸에서 결혼 2년 차 부부가 자다가 추워서 죽었다는 자기 이야기를 노트북으로 읽는 선명한 꿈을 꾼다. 집에 돌아오니 보일러는 여전히 작동하지 않는다. 아내와 두려운 꿈 이야기를 나누다 찬물에 몸을 씻고 잠이 든다. 부부의 숨소리만 들린다. 화면에 흐르는 몇 분의 시간이 견딜 수 없을 만큼 길게 느껴진다.

"저렇게 자다 얼어 죽는 거 아니야?"

"진짜 죽을 거 같은데?"

관객들이 불안한 듯 낮은 목소리로 수군거린다. 한참 후 효과음 하나가 들린다. "윙~ 윙~" 고장 난 보일러가 돌기 시작한다.

'두 번째 겨울'은 우리나라 젊은이 누구나 고민하는 꿈과 직장, 집 이야기를 다룬 영화다. 시간이 흐르면서 배우가 연기를 못하는 것이 아니라 삶의 절박함을 보여주려 비장하게 준비한 연기였다는 걸 알았다. 오히려 절제한 표정과 심리 묘사로 말 한마디 행동 하나에 더 진한 슬픔이 배어 나왔다.

직장 구하기가 하늘의 별 따기보다 어려운 현실에 누군가 직장을 구했다면 축하를 듬뿍 보내고 싶어진다. 젊은이의 학력은 높아졌지만 일할 곳은 기다리고 있지 않아 영화가 현실 문제를 확대한다고 하여도 생존문제는 결코 과장이 아니리라. 피가 끓는 젊은 사람이 자주 말하는 "아 춥다."라는 말이 나오지 않아야 하는데 가슴 아린다. 기성세대가 젊은 사람의 고민을 함께 나누어야 하지 않을까.

삶의 기준을 정할 때 눈높이를 낮추는 것이 지혜가 될 터이다. 못다 이룬 꿈보다 생존이 중요하다고 생각한다면 부모님과 함께 대가족으로 상생하려는 현명한 태도가 필요할 수 있다. 원룸이나 아파트보다 변두리 허름한 주택을 찾는다면 꿈도 못 꾼 자녀를 갖는 행운까지 가능하지 않을까 조심스럽게 생각해 본다.

영화관을 나와 천천히 걷는다. 가로수 잎들이 바람에 툭 떨어진다. 곧 겨울이 올 것이다. 다행히 우리 집 보일러는 쌩쌩 잘 돌아가고 있다.

천 개의 수필

여러분은 자신의 인생 바구니에 어떤 목록을 적어 담아 놓으셨나요? 우리는 살아가면서 이루고 싶은 소망이 얼마나 될까요? 저는 욕심이 많아 원하는 것이 넘치는 편입니다. 그중 하나가 나이가 들면 글쓰기 시작해서 책 한 권 내고 싶었습니다. 이유는 오직 하나, 내 운명에 대한 소심한 복수였습니다.

언젠가 어머니가 사주를 보고 오셨지요. 저는 몸에 흉터가 있어야 생명줄을 이어간다고 했는데 도무지 이해가 되지 않았습니다. 그런데 어릴 적 얼굴에 생긴 흉터를 시작으로 목과 가슴, 최근까지 만들어진 상처들은 질긴 삶의 '고븐 흉터'가 되었네요. 그래서 제 인생 바구니에 담긴 제 첫 번째 목표는 죽지 않고 살아남는 것이었습니다.

사춘기를 지나며 도대체 나는 어떤 사람이 되어야 할지 몰랐을 때 '네 꿈이 뭐니' 묻는 선생님 덕분에 정신이 번쩍 들었습니다. 저는 두 번째 목표로 직업을 가지고 싶었답니다. 아이들과 좋아하는 '그림책을 읽다'가 세상살이에 눈이 뜨이기 시작했지요. 봉사활동을 시작했습니다. 그것도 아주 재미있게, 쇼하듯이 진짜 전문가처럼 열심히 하는 척 언제나 신나게 '쇼하라'는 주문을 거는 것이 제 삶의 세 번째 목표였습니다.

저는 쇠미골에 삽니다. 우리 동네에 결혼으로 이주한 '월남 공주'가 삽니다. 씩씩한 얼굴로 '물거울'에 비추는 삶을 살아가고 있지요. 도서관에서 '아줌마, 몇 시에 문 닫아요'라며 저를 기다리는 아이들을 만났고, 주변 사람들과 '어렵게 만나다'라기 보다 두루 원만하게 지내는 사이가 되었습니다.

저는 첫 수필집 출간 준비를 하고 있습니다. 글밭에 들어와 '하루하루' 허투루 보내다가는 배길 수가 없습니다. 수필 무림에는 고수들이 많기에 언제나 나를 잊을 만큼 몰입을 해야 하지요. 글 한 편이 나오기까지 정성을 기울여야 한다는 사실을 '아망오'는 익히 알고 있습니다. 은근과 끈기로 '모소 대나무와 닭장' 앞에서 기다리며 퇴고하는 시간을 늘려야 그나마 읽을 수 있는 글이 완성되는 것을 깨닫고 책을 만드는 것이 네 번째 목표였습니다.

저는 참 행복합니다. 글밭에서 '잘나가는 작가'가 되고 싶은 잘나작 문우를 만났고, '마음의 눈'으로 들여다보며 귀한 '벗'을 찾았으며, 품위 있는 스승을 '오마주'하는 행운까지 누리고 있습니다. 글밭이 아니면 어디서 이런 호사로운 '여유'를 누릴 수 있을까요.

수필을 만난 인연으로 '26년 만에 핀 꽃'처럼 결혼식에 받았던 부케 이후로 처음 받은 꽃바구니에 며칠 내내 기뻤습니다. 봉정암에서 밤새워 '1,224m에서 보낸 편지'를 쓰며 자식을 위한 기도를 열심히 올렸습니다. 팔공산 'God바위 할아버지'께 받은 공덕으로 좋은 일도 생겼는데 이 모두가

지천명의 나이에 '중년의 낭만'이라 여길 만큼의 행운이라 생각합니다.

제 목숨을 지켜주신 어머니의 '탯줄'을 이어서 글밭에서 담담하게 제가 가고 싶은 '길'을 걸어갑니다. 비록 이 길이 마약같이 중독되는 '독독독'이 되더라도 '행운유수'라 여기며 글밭에 숨어 있는 문학이라는 거대한 '공룡을 찾아서' 따라가 보렵니다. 혹시라도 힘이 들면 무쇠솥에 찰진 밥을 지어 철분이 부족한 이에게 '쇠물고기'가 되어 영양 공급하며 독자와 공감하는 글을 오래 쓰고 싶다는 것이 제 다섯 번째 목표입니다.

둘째 오빠가 그러더군요. 여동생이 시나 소설이 아닌 수필을 시작해서 참 다행이라고요. 기발한 은유가 필요한 시도 아니고 상상의 날개를 펴는 허구의 소설이 아니라 인생이 우러나오는 수필이 저와 잘 어울린다고요. 글밭에서 신명 나게 뛰어다니고 싶습니다.

여러분의 취미와 특기는 무엇인가요? 저는 체력이 약해 과격한 운동이나 특별한 음주와 가무를 즐기지 못합니다.

긴긴 여름날은 '소류지에서' 소류지의 나무와 이야기 나누며, 추운 겨울엔 컴퓨터 앞에 앉아 '보일러 소리'를 들으며 내 인생 '최고의 성형'이라 평가받을 글을 쓰는 것입니다.

글밭에서 살아남는 것은 하늘의 별 따기처럼 어렵습니다. 수필을 쓰면서 '역설, 옥獄에서 해탈解脫을 꿈꾸다'처럼 열반을 꿈꾸고 있습니다. 언제나 어항과 연못을 뛰어넘어 강물에서도 성장하는 '코이의 법칙'을 기억하고 저의 한계를 가뿐히 뛰어넘고 싶기도 합니다.

진정한 복수는 상대를 이겨내는 거라고 합디다. 그러고 보니 험난한 운명을 피하지 않고 살았습니다. 세상에서 가장 중요한 사람은 나입니다. 내 인생의 주인공은 오로지 나이기에 유연하고 재미있게 살고 싶답니다.

저는 천 개의 손, 천 개의 눈을 가진 관음觀音의 넉넉한 마음을 닮고 싶습니다. 이제 많이 읽고 더 많이 쓰고 다듬어 '천 개의 수필'을 완성하는 것이 목표입니다.

* ' '는 작가가 쓴 작품 제목임.

소류지에서

소류지의 여인

동네를 한 바퀴 둘러본다. 공덕산의 능선이 사방을 감싸 안고 맑은 하늘 아래 철마산이 몸통을 드러낸 마을은 편안하게 트였다. 텃밭에 상추와 배추, 쑥갓과 당근이 부지런히 자라고 참새 떼 후드득 날아갔다가 쪼르르 몰려오기를 반복하는 얌전한 마을이다. 집마다 정원을 가꾸어 사철 꽃을 피워내고 있다.

코스모스 둘레길을 따라가면 연못에 개구리밥이 천지다. 연잎에 물방울이 가운데로 몰려 매달린 모습에 발걸음이 잡힌다. 백련이 조용히 잎을 연다. 키 큰 부들은 뻿뻿하게 서 있다가 인기척에 깜짝 놀란 물닭을 숨긴다. 맹꽁이와 개구리가 풍덩 자맥질하며, 벌과 나비는 코스모스 위를 기웃거린다. 화려한 물칸나 우쭐대고, 큼직한 연잎 위에서 졸다 놀란 고추잠자리 기지개 켜며 날개를 떤다. 밤새도록 두꺼비가 떼 지어 마을을 가로질러 다닌다는 동네, 하루살이들이 공중으로 비상하는 곳, 수생식물과 곤충의 천국이다.

부산광역시 금정구 선두구동 조리마을이다. 상수원 보호구역으로 지정되어 주민이 살기에 불편했던 곳이었다. 최근에야 개발제한이 풀려 자유로워졌다. 근처 금정체육공원이나 홍법사와 영락공원이 가까워 도시 사람들은 시골에 온 듯하다며 감탄을 한다.

대대로 우리 마을은 농사를 지으며 살아왔다. 기록에 의하면 조선 순조 임금 때 척박한 밭에 물을 대는 제언堤堰을 조성했다고 한다. 소설 《혼불》에 청암 부인이 농사를 위한 가뭄 대비로 저수지를 만들 듯 가뭄 해소를 위해 마을 사람들이 땅을 내놓았고 관청에서 힘을 모아 둑을 쌓았다. 마을

땅은 본래 습기 없는 돌밭이었는데 작은 저수지 덕분에 기름진 옥토가 되었다. 저수지를 완성하고 조정언調井堰이라는 기념비를 세웠다. 나는 그렇게 태어났다. 찰랑찰랑한 내 몸 냄새를 맡으며 주변 산과 나무들은 가슴 울렁거려 잠을 못 이룬다고 한다.

일교차가 심하면 새벽부터 물안개를 피워 올린다. 비가 오면 빗물을 안고 있다가 목마른 땅에 물을 내어줄 뿐이다. 나는 엄전한 여인마냥 나를 지키고 사는 것이 삶의 철학이 되었다. 마을 사람들은 조선 후기 수리시설의 기술을 알 수 있는 중요한 의미를 지녔고, 논밭이 옥토로 바뀌었다며 해마다 나에게 감사 인사를 전할 정도로 존재가치를 인정받는다.

어느 날이었다. 수도시설이 들어온 후 나는 할 일이 없어졌다. 저수지는 기능을 잃었고 고인 물은 점점 썩어갔다. 그즈음, 마을 주민이 연꽃 씨앗을 파종해 주었다. 거기에 어느 스님이 재래종 연꽃을 심어 해마다 홍련과 백련을 피우게 되었다. 나는 연꽃이 장관을 이루는 연꽃 소류지로 이름이 알려졌다. 나는 죽었다가 살아나는 기쁨을 느꼈다. 연꽃을 석 달 연달아 피워내니 남녀노소, 선남선녀들의 방문으로 내 몸은 몸살을 앓는다. 마을도 마찬가지다. 예전에 내 몸은 물 향기로 청량했는데 연꽃이 퍼진 후 온갖 벌레들이 모이고 물이 썩는 악취에 질릴 정도다. 애달픈 밤에는 나도 모르게 나오는 한숨 소리와 지잉지잉대는 지렁이 울음소리가 섞여 누구 울음인지 분간이 되지 않는다.

신선이 놀았다는 선동은 풍경이 새맑다. 나는 봄 햇살에 산만하게 지내다가 연잎이 나오는 오월엔 연초록 밭이 된다. 보리가 누렇게 익을 때 내가 키운 연蓮이 진흙탕에서 올곧은 꽃대를 올려 건강한 꽃을 피워낸다. 해가 지면 꽃잎을 닫는 칠월, 소리 없는 연꽃의 함성과 고결한 자태를 보며 세상의 어느 꽃보다 내가 키운 연꽃이 어여쁘다며 스스로 추어올린다.

내가 언제 이렇게 인기가 있었던가. 소류지를 걷다가 지친 이들은 당산나무 그늘 밑에 앉아 쉰다. 연꽃이 만발한 여름엔 '연꽃 소류지 달빛 축제'를 연다. 달빛이 흐뭇한 밤에 공덕정 참나무 밑에 무대를 만들어 동네가 풍악으로 들썩거린다. 웃음이 넘치니 주변 생물들도 들떠서 밤잠을 이루지 못한다.

연밥이 까맣게 익는다. 연밥 속에 숨은 씨는 수백 년이 지나도 물속에서 싹을 틔워낸다고 하지 않은가. 연잎과 연꽃, 연밥도 없는 삭막한 겨울에 어떤 이는 허탕 쳤다고 푸념만 늘어놓고 돌아간다. 인적 없는 섣달엔 찬바람을 안으며 겉보기에 평화롭게 쉬는 듯하지만 나는 물속에 떨어진 씨를 싹 틔울 궁리를 한다.

세상과 어울려 사는 여유로운 나를 본다. 나를 보러왔다가 때가 맞지 않아 허무하게 돌아가는 이들은 내년에 다시 찾아와 주길 바란다. 마음 맞는 사람과 함께 와서 동네 한 바퀴 걷다가 넋 놓고 연꽃을 보며 편안하게 쉬어가기를 희망한다. 이렇게 사는 것이 아늑하고 소박한 생활양식이 아닐까.

내 나이는 백오십 살이다. 조리 마을에서 터 잡고 신선의 기운을 감싸 안으며 거창하지 않게 살고 있다. 내가 피운 연꽃이 여럿이 누리는 기쁨이 되어 자연과 교감하며 웃고 살았으면 좋으련만. 세상을 살아가는데 많은 사랑이 필요한 것은 아니다.

내 삶이 저수지에서 사라지지 않고 연꽃 소류지로 변신하여 생명을 키우고 있으니 보람이 크다 하겠다. 나는 천하든 귀하든 신분을 가리지 않고 아낌없이 내어주겠다. 내 인생에서 가장 아름답고 행복한 순간이 바로 지금, 이 순간이 아닐까.

생명이 살아있는 늪, 이보다 더 좋을 순 없다.

소류지의 남자

어느 시인이 말한다. 자연이 하는 말을 그대로 받아적기만 하면 시詩가 된다고. 그 시인이 사는 섬진강 마을엔 키 큰 느티나무 한 그루가 사계절 우람하게 서 있다고 한다. 마을의 안녕을 바라며 나무를 지키는 공동체엔 착한 눈이 많아서인지 흉한 일이 생기지 않는단다. 나는 나무만큼 시를 잘 아는 이는 없다고 생각한다.

우리 마을 근동에도 아름드리나무가 몇 그루 있다. 보호수로 지정된 느티나무는 몇백 년 동안 동네를 잘 지켜왔다. 듬직한 고목을 바라보며 나는 감히 그들과 견주어 볼 엄두가 나지 않는다. 아직 새파랗게 젊은 나이라 자격지심부터 생겨난다. 더욱이 수종樹種마저 다르니 공개 장소에 나서기가 두렵다.

내 거처는 선두구동 소류지 가까이에 있다. 내가 태어났을 때부터 소류지는 이미 존재하고 있었다. 백오십 세인 그녀와 비교하면 나이가 적지만 키는 제법 크다. 앞으로 삼십 미터까지 더 자란다고 하니 전도유망한 젊은이라 하겠다. 나와 비슷하게 생긴 굴참나무, 졸참나무, 신갈나무, 떡갈나무 친구들이 있는데 어떤 친구는 선조 왕의 수라상까지 올랐단다. 한마디로 나는 까다롭지 않은 원만한 성격으로 가을에 도토리를 툭툭 떨어트려 존재를 알린다. 아니 어쩌면 과거에 배고픈 주민을 위해 보시하라고 마을 한가운데 늪지 근처에 심었을지도 모를 일이다.

나는 낙엽교목이다. 우리나라 수락산 덕송리 흥국사에 사백 살이 넘는 큰 형님이 계신다는데 아직 뵌 적은 없다. 대구 달성공원과 신라 경주 반월성에 친척이 모여 있어 그들을 보러 가고 싶어도 몸을 움직일 수 없다. 선사 유적지 흔적을 따라 훌쩍 길을 나서고 싶고, 세상이 궁금해 나그네로 유랑하고 싶지만 마을을 지켜야 하므로 꼼짝없이 잡혀 있다.

소류지가 바쁘다. 좋아하는 여인이 나를 데면데면 바라보니 섭섭하다. 그녀의 고생이 많은 이가 누리는 기쁨으로 번져나간다. 소류지 연꽃이 신문, 라디오, TV 방송을 탄 이후 사철 찾아오는 손님을 맞이하느라 그녀가 지쳐간다. 은은한 향내를 머금었던 그녀의 몸은 연신 피었다 지는 수생 식물로 악취가 나니 다가서기가 꺼려진다. 그녀가 안식년을 가지고 쉬어야 하는데…. 끙끙 앓는 울음소리를 들으니 내 가슴이 찢어질 것 같다. 저수지로 차랑차랑 맑았던 옛날의 그녀가 그립다.

그녀는 대단하다. 꽃이 없는 늦가을에 허탕 쳤다는 사람들의 푸념까지 들어준다. 인적 없는 추운 겨울에는 그녀의 몸이 파르르 떨면서 얼어간다. 힘겹게 견디는 모습을 보면서 나는 찬바람을 막아주려 애를 써보지만, 우듬지 내 머리만 다 벗어진다. 나는 한자리에 서서 그녀에게 힘내라는 응원을 보낸다.

그녀를 생각하면 그냥 마음이 쓰인다. 아름다운 그녀와 비교할 수는 없지만 내 외모도 제법 괜찮은 편이다. 공덕산과 철마산의 수많은 나무 중에 나 같은 귀남자貴男子가 있을까 허세를 부려보지만 오래 봐 주는 사람은 없다. 외지인들은 소류지 둘레길을 걷다 다리가 아프면 내 그늘에 잠시 쉬다 곧장 돌아가 버린다. 그녀의 탄생 내력을 적은 조정언 비석을 하필 내 턱밑으로 옮겨 놓아 그녀의 이력을 잘잘 외우며 짝사랑하는 마음만 커진다.

소류지에는 유치원 아이들이 자주 몰려온다. 그러나 나를 좋아하는 사람은 여유 시간이 넘치는 마을 어른들이다. 그들은 소류지와 나를 중매한다. 그녀가 가까이 있어 내 키가 쑥쑥 잘 자라고 있다나. 내 뿌리가 땅에 박혀 보이진 않지만 분명 그녀를 향해 길어졌을 거라고 말한다. 남녀가 너무

가까우면 부딪히는 법인데 우리는 십 미터 거리를 두고 음양의 조화가 어울리는 한 쌍이다. 어른들은 수생목水生木은 상생 기운이라며 힘주어 말한다.

그럴 때면 인기 높은 그녀를 향한 질투심이 사라진다. 어른들이 주는 막걸리까지 한 모금 얻어 마시면 기분이 하늘을 날아간다. 모든 생물은 타고난 달란트가 다르기에 쓸데없이 용심用心을 부릴 이유가 없지 않은가. 나는 스물네 시간 비석을 지키며 그녀를 위한 밀착 경호를 자처하고 있다. 하늘 아래 물 여인과 땅 위에 나무 남자는 썩 잘 어울리면서 과하지 않은 그림이 될 수 있을 터이다. 우리는 서로 자연스럽게 마을의 상징이 되어간다.

오늘도 사람들이 소류지를 찾는다. 백이십 년 넘게 한마을에 사는 연상연하 커플을 바라보며 걷고 있다. 연꽃이 절정인 여름날 당산정 참나무 그늘에 앉아 여유롭게 이야기꽃을 피운다. 살아가는 평범한 시간 속에 신선마을의 시원한 바람이 끼어들어 흡족한 사이로 만들어준다. 세상살이가 힘들면 힘들수록 마주 보며 상처를 보듬고 서로 위로하는 둘레길에 나는 변함없이 서 있다.

그녀에게 특별한 무엇을 원하지 않는다. 수생생물을 키워 사람들에게 기쁨을 나눠주는 소류지 덕분에 목표가 생겼다. 의령의 현고수懸鼓樹처럼 거창한 이름은 없지만, 소류지를 지키는 수수한 나무로 살아가고자 한다. 나를 버리고 희생하면 오히려 나의 가치를 찾게 된다고 하지 않은가. 기교는 없으나 소박한 행동을 아끼지 않고 실천해 보련다. 이 자리에서 뿌리를 더 깊게 내려보리라. 세월이 가져다주는 변화를 받아들이며 속마음 변하지 않는 소류지의 남자가 되고 싶다.

어렵게 만나다

바람이 분다. 해협의 짙고 푸른 바다를 건너간다. 하늘엔 구름 한 점 없다. 바람보다 먼저 일어나는 하얀 파도에 하염없이 생각을 얹는다. 바람이 차다. 물의 여신이라는 이름을 가진 니나호는 물살을 가르고 새처럼 날아간다. 물결이 높다. 여객선 창가에 물보라가 방울져 흘러내린다. 흔들리는 배 안에서 그리움 하나 풀어낸다.

뱃멀미는 없었다. 잠시 어지러웠지만 탈 없이 이즈하라항에 내렸다. 한반도가 가까운 섬, 삽사리 고려 개가 신사를 지키는 섬, 말처럼 길게 생긴 항구 도시는 마치 내가 태어나고 살았던 서면 거리를 그대로 옮겨놓았나 착각이 들 정도다. 섬에서 바라보는 바다 물빛이 찬란하여 눈을 감는다.

섬이라 좋다. 바쁜 일상을 잊는다. 허둥거리며 살았던 매일매일이라는 말을 접고 오로지 나에게 집중하는 시간이다. 왜 섬에 왔는가. 부산과 거리가 가까워서일까, 아니면 깨끗하고 조용해서일까, 짧은 시간으로 유람할 수 있다는 이유가 전부는 아니다. 있는 그대로의 섬을 보고 싶었다. 분명 지난날의 무엇을 찾으러 나왔으리라.

바람이 세차다. 목에 감았던 머플러가 휘날려 어디로 날아갔는지 찾을 수 없다. 머리는 산발이 되었다. 조선통신사비가 있는 성터를 걷는다. 붉은 동백꽃이 떨어져 있는 공원에서 모진 세월을 견딘 덕혜옹주의 결혼봉축기념비도 본다. 나라 잃은 왕족 덕혜옹주는 볼모가 되어 일본에 강제 유학했고 대마도 도주와 결혼하는 평탄치 않은 젊은 시절을 살았다. 결혼을 축하하기 위해 기념비가 세워졌다가 이혼 후 성 밖에 깨진 채 버려둔 것을 복원했다고 한다. 보호받지 못한 그녀의 생을 말하는 듯 얼룩진 돌 버짐을 보니 아버지 생각이 난다.

아버지. 하루도 아버지를 잊은 적이 없다. 아버지는 1912년 덕혜옹주와 같은 해에 청도에서 태어나셨다. 젊은 날엔 〈만세전〉의 노동자처럼 일본에 갔다가 온갖 궂은일을 다했다. 바다를 건너간 젊은이들이 병들고 죽어서 고향으로 돌아오지 못하던 때, 꼭 살아서 돌아가겠다고 마음먹을 만큼 단단한 청년이었다. 아버지는 일본에서 죽지 않을 만큼의 일을 했고, 고향에 돌아왔으니 운이 좋은 사람이라 할 수도 있다.

대마도는 특이했다. 눈에 띄는 허연 시멘트로 도배한 산들은 거친 비바람이 불어도 무너지지 않을 철옹성 같았다. 집마다 창문을 가린 커튼 때문에 말 한마디 건네기 어려운 단절감이 느껴진다. 나만 그렇게 여겨질까. 건물마다 지붕에 설치된 우수관을 보면서 절대 만만치 않은 섬나라의 기질을 추정하면서 젊은 시절 아버지가 겪었을 아픔이 더 진하게 다가온다.

아버지는 노동의 대가로 매달 월급을 받았다. 나중에는

월급을 제대로 받지 못했다고 한다. 결국, 일본이 발행한 채권을 대신 받았는데 우리 집 다락 낡은 나무함에서 세월만 묵힌 채 색이 바래진 종이 쪼가리가 되어 가치를 잃어갔다. 국가가 나서서 진작 해결해 주어야 할 문제였는데 당사자인 국민이 이미 사라지고 없으니 유감스럽다.

내가 기억하는 아버지는 술을 좋아하셨다. 말없이 술을 드시면 어머니는 해물 안주를 준비했고 집안을 조용하게 만드셨다. 생각해 보니 그동안 여러 번 일본을 여행했지만, 역사 관광으로 이름난 곳만 돌아보았을 뿐이었다. 과거 아버지의 트라우마를 이 섬에 도착해서야 비로소 알았다. 억눌렸던 과거가 해소되지 않아 홀로 화가 났으리라. 청춘을 조선인이라는 모멸 속에 견디며 일한 노동의 대가는 물거품이 되었을 터이니 끓어오르는 분노에 술은 얼마의 위로가 되었을까. 개인의 권리를 찾기 위해 아무것도 할 수 없었던 무능함을 잊고 싶었을지 모른 일이었다. 아니 국민을 지켜주지 않았던 나라에 대한 분노가 더 크지는 않았을까. 어찌 보면 아버지는 소리 없이 굳어가는 간肝 상태를 미리 알고 있었을지도 모를 일이다.

아버지가 보고 싶다. 내 기억 속의 아버지는 언제나 쉰아홉이다. 일곱 살이었던 나는 머리가 희끗희끗한 아버지 손을 잡고 초등학교에 입학하러 갔다. 저녁에는 필통에서 연필을 꺼내 사각사각 연필꽃을 피워주셨던 아버지와 어머니. 아침마다 학교 다녀오겠다며 큰 소리로 인사했던 딸에겐 희망이 넘치는 봄이었건만 아버지와 나의 인연은 정해져 있었다. 샛별 떠 있던 어느 봄날, 언제 만나자는 약속도 없이 별안간 딴 세상으로 가셨다. 어린 나는 돌아오지 않는 아버지를 기다린 날이 많았다. 더욱이 막내였던 나는 칠 년밖에 아버지를 보지 못했으니 한없이 보고 싶을 뿐이다.

시퍼렇게 멍든 바다가 떨고 있다. 바다는 말없이 내 이야기를 듣고만 있다. 누가 세상에서 가장 먼 길은 머리에서 가슴까지 가는 길이라 했던가. 섬은 바다로 고립되어 있다. 젊은 시절의 아버지는 고향으로 쉽게 돌아가지 못하는 바다를 보며 무슨 생각을 하셨을까.

조선 마지막 선비 최익현의 위패를 모신 수선사 앞에 섰다. 을사늑약 체결에 항일의병을 일으켜 볼모로 잡혀 대마도에 유배된 분, 일본이 주는 단 한 톨의 밥도 먹지 않겠다며 단식했던 절개 높은 면암 선생을 기리면서 아버지의 억울한 삶을 생각한다.

세월이 무상하다. 변하는 시간을 어떻게 맞이해야 하는가. 섬을 잘라 운하로 만든 만관교 위에 섰다. 해풍에 휘청거리며 섬을 내려다본다. 아버지의 고단했던 젊은 날을, 아버지와 만나기를 고대했던 내 어린 시절을, 연화장 세계로 떠난 뒤 일곱 살 기억만으로 아버지를 기억할 수 없어 아렸던 가슴을, 그 추억을 겨우 소환해 어렵게 만나는 시간이 아쉽기만 하다.

바다 위에 빛나는 윤슬이 그리움 하나 걷어내고 있다.

최고의 성형

드디어 수능이 끝났다. 수능점수 발표가 났고 대입 정시만 남아있다. 고3 학생들은 대학 입학 전에 준비하는 것이 많다. 그동안 못 읽었던 책을 읽거나 여행을 가거나 내면을 위한 마음준비를 하면 좋으련만. 현실은 외모 가꾸는데 관심이 높다. 삼 년 내내 공부하느라 쌓인 살을 빼러 헬스나 요가, 킥복싱, 스피닝을 등록하는 사람이 많다. 거기에 여드름 자국을 지우기 위해 피부과를, 쌍꺼풀 수술을 하러 성형외과에 상담하러 가는 학생들이 꽤 보인다.

육 년 전 이맘때 나는 다이어트 중이었다. 큰 수술을 하고 갱년기가 빨리 왔는데, 갑자기 허릿살까지 늘어났다. 건강검진에서 역류성 식도염과 경도 비만이 나왔고, 나쁜 콜레스테롤 수치가 높아 의사 선생님은 심각하게 체중조절과 운동을 권했다. 적당한 체지방은 아이를 낳고 치마를 입는 여성에게 필요조건이지만, 과도한 옆구리 살은 자기관리를 안 하는 매력 없는 여성으로 보인다. 게다가 식습관까지 좋지 않아 체중은 야금야금 늘었고 걸을 때마다 무릎이 아팠다.

옷들이 작아졌다. 블라우스 단추가 미어지고 청바지 지퍼가 올라가지 않았다. 여자의 자존심은 66치수까지라 생각했는데 어느새 77치수 풍덩한 원피스를 사게 되었다. 옷값도 만만치 않았다.

어느 날, 지하철에서 자리 양보를 받았다. 임산부석에 앉으라고. 요즘 늦게 결혼하는 사람이 많기에 원피스를 입고 배만 나온 내 모습만 보면 누가 봐도 고령의 임산부였다. 아니라고 손사래를 쳤지만, 주위 사람들 모두가 앉아서 편하게 가라고 했다. 난감해하면서 어쩔 수 없이 자리에 앉았다. 다이어트를 해야만 했다.

일주일 넘게 정보를 찾았다. 비만과 관련해 보조식품, 단일 음식 다이어트, 여러 가지 운동, 단기 금식, 한약, 해독주스, 연예인 OO 비법, 물 마시기 등 모조리 훑었다. 먹는 거 좋아하고 운동 싫어하고, 체중은 줄이고 싶지만 굶기는 싫고, 배가 고프면 잠을 이루지 못해 뭐라도 먹어야 하는 잡식성에 역류성 식도염은 낫지 않고, 다이어트약은 부작용이 있을까 두렵기만 했다. 쉬운 방법이 없었다.

인기 있는 여자 연예인이 말했다. 과거에 살이 쪄서 십 년을 무명으로 보냈다고. 죽고 싶은 마음에 일 년을 굶었더니 20kg이 빠졌단다. 그때야 출연작품이 있더라며 서글프게 이야기한다. 마르고 예뻐야 역할이 온다고. 굶는 다이어트를 해야 하나 나도 하루에 한 끼 줄여 두 끼만 먹기로 한다. 식탐 많은 내게 굶기란 고문이었다. 그는 연예인이니까 그렇게 했겠지만 나는 일반인이지 않은가 스스로 합리화하면서.

따뜻한 물을 하루 2L 이상 마셨다. 가장 쉬운 방법이라 생각했다. 아침에 일어나 이 닦고 물 마시기 시작해 비타민 먹고 한 잔, 오이와 당근 파프리카 먹고 한 잔, 점심 후에 한 잔, 양배추 먹고, 배고파서 한 잔, 단백질과 식이섬유를 타서 한 잔, 심심해서 마신 물까지 내 몸을 꽉 짜면 물이 줄줄 흐를 것 같았다. 맹물이 넘어가지 않아 체지방이 빠진다는 허브차를 마셨다. 드디어 1주일에 1kg이 빠지기 시작한다.

출산의 고통보다 힘든 일은 굶는 일이다. 하루 점심 한 끼를 먹으며 쓰러져 죽는 줄 알았다. 다행히 죽지 않고 손이 떨리는 증상이 나타나 가끔 무서웠다. 친구들이 독하다 그렇게 살 빼서 뭐할 거냐고 수군대도 신경 쓸 힘이 없었다. 오히려 마음이 편해졌다. 배고픈 슬픔은 체중이 계속 빠지는 기쁨과 맞바꾸기로 작정하고 예민한 감정을 절제했다. 한 달 집중하니 4kg이 빠졌다.

몸이 가볍다. 날아갈 것 같아 하루 만 보 이상 걷기 시작한다. 무릎에 부담이 줄어 오래 걸어도 가뿐하다. 기다리던

66치수 옷들이 반갑다. 얼굴이 맑아졌다. 좋아하는 빵과 과자를 버리고 신선한 채소와 친해졌다. 그러나 포기하고 싶을 때가 많았다. 요요현상이 오더라도 먹고 싶었다.

언젠가 식욕이 올라와 피자와 통닭을 시켜놓고 정신없이 먹다가 펑펑 울었다. 주위 사람들이 나를 아주 절제 잘하는 사람으로 알고 있다. 사실은 나이 오십이 넘어서야 돈 계산이나 마음 계산을 시작해보자고 생각하는 미숙한 사람이다. 성취하고 싶은 욕구만 강해 앞뒤 재지 않고 덤벼들어 자신을 달달 볶는 피곤한 사람인 줄 아무도 모른다.

다이어트에서 가장 중요한 것은 저녁 6시 이후 금식이다. 갱년기 기초 대사량은 젊은 사람과 다르기에 저녁을 자제해야 한다. 석 달 고생 끝에 11kg을 감량했고 헬스장에서 러닝머신을 뛰고, 실내 암벽타기를 하며 근육량을 늘렸다. 아직 요요현상 없이 치수를 유지하고, 종합검진 결과가 정상이다.

인간이 추구하는 오욕 중에 식욕이 가장 앞선다. 나는 세상에서 가장 무서운 사람 중에 남자는 담배를 끊은 사람이고, 여자는 다이어트에 성공해서 유지하는 사람이라 생각한다. 내 삶의 주인공은 언제나 내 몫이기에 조심스럽다. 식탐 중독의 고리 끊기가 어렵고 음식을 절제하기란 더욱 힘들다. 그래서 적절한 다이어트는 자기관리이며 삶의 질을 올려 기운을 상승시켜주는 기회가 될 수 있다 하겠다.

얼마 전, 대구 친구가 수백만 원의 성형외과 견적을 뽑았다고 한다. 삼십 년 같이 산 남편이 외모 무시 발언을 한단다. 난 먼저 몸무게를 줄여보라고, 그렇게 해보고 안 되면 병원에 가보라고 조언했다. 친구는 내 말대로 10kg을 감량하고 처녀 때 몸매를 되찾았다. 당연히 성형외과는 가지 않았다. 친구와 함께 시작했던 친구 딸도 다이어트에 성공해 소극적인 성격이 적극적으로 변했고 취업 면접에서 합격했다. 아마 면접 볼 때 당당하고 자신감 있는 태도가 한 부분 차지했을 터이다.

살찌기 쉬운 계절이다. 거울을 보면 양쪽 얼굴이 완벽하게 대칭인 사람은 거의 없다. 졸업을 앞둔 고3 학생들이 외모뿐만 아니라 개성을 가진 사람이면 더 바랄 게 없으련만.

본인에게 맞는 방법을 찾아서 집중했으면 좋겠다.

최고의 성형은 나를 믿는 거다. 살이 빠지자 얼굴 주름이 부쩍 늘었다. 잡티도 보인다. 눈가와 입가에 주름을 없애야 하나. 아니면 사각턱을 브이라인으로 만들어야 하나. 겉모습에 천착해 스멀스멀 올라오는 과한 욕심의 기미와 잡티까지 지우고 싶은 마음이 가속페달을 밟기 시작한다.

안 되겠다! 이제 마음을 성형해야 할 차례다.

쇠물고기

빈혈貧血은 말 그대로 피가 부족하다는 뜻이다. 피가 모자라면 몸과 정신이 어지럽고 핏속 철분이 부족하면 신진대사에 이상까지 생긴다. 생명을 유지하는 영양분 중 몸에 미량 존재하는 철분은 어린이와 청소년, 성인에게 모두 중요하다.

철분이 부족하면 뇌에 산소 공급이 되지 않아 두통과 장 질환이 생겨서 집중력 저하, 하지 불안 증후군이 생긴다. 심하면 분필이나 흙, 종이 등을 씹어먹는 이식증도 생긴다. 여성들은 심장이 두근거리는 증세가 나오기까지 한다.

키가 한 뼘씩 쑥쑥 자라던 사춘기 때였다. 편식이 심한 편인 나는 공중목욕탕에 옷을 갈아입다가 갑자기 눈앞이 하얗게 보였다. 말 한마디 하지 못하고 그 자리에서 힘없이 '픽' 쓰러졌는데, 옆에 있던 동네 아주머니들이 달려들어 축 늘어진 내 팔다리를 주물렀다. 학생아, 정신 차려 보라며 창백한 내 얼굴을 손바닥으로 때리며 찬물을 뿌렸다. 십여 분이 지나 서서히 일어나면서 들은 말 중에서 "성장기에는 골고루 잘 먹어야 한데이." 하는 말을 분명히 기억하고 있다.

철분에 대해 인터넷을 검색하다가 크리스토프 찰스 교수 이야기를 읽었다. 생명공학을 연구하면서 캄보디아 칸달 지방의 아이들이 허약하고 왜소한 체격이 철분 부족이라는 이유를 알아낸다. 그는 사람들에게 철분이 든 쇠를 먹일 방법을 연구하다가 75% 정도 섭취할 수 있는 쇳덩이를 고안한다. 요리할 때 음식 재료와 함께 쇳덩이를 끓이면 철분 부족을 극복할 수 있을 거라 생각하고 네모난 고철 덩어리를 주민들에게 나눠주었다. 그러나 눈으로 보기에 식감이 떨어지는 새까만 쇳덩이를 주민들은 외면했고 철분 부족 현상은 해결되지 않았다.

캄보디아에서 물고기는 행복과 행운을 상징한다. 바다와 강이 많은 지형이라 전 국민이 풍부하게 생선을 섭취할 수 있는 환경인데 인구의 절반이 빈혈로 고통받는다. 보통 빈혈은 철분제를 먹거나 영양식을 먹으면 낫지만, 일부 가난한 시골 마을 사람들은 비싼 철분제를 사 먹을 수 없어 만성질환을 앓는 경우가 허다했다.

내가 어릴 적 이야기다. 식구가 많은 팔 남매의 막내로 태어나 아버지와 밥상을 마주앉는 이는 막내 오빠와 나뿐이었다. 아버지 밥상은 언니, 오빠들 밥상보다 반찬 수가 훨씬 많았고, 생선과 과일도 가장 좋은 것이 올라왔다. 고등어나 조기, 납새미도 큰 것으로, 그냥 달걀부침이 아닌 계란말이가 오르던 아버지의 밥상이었다. 아버지가 즐겨 드시던 회 먹는 법을 따라 배웠고, 11자 젓가락질을 완벽하게 익히며 밥을 먹었던 추억이 문득 떠오른다.

나는 유난히 키가 작았다. 밥상 앞에 무릎을 꿇고 앉아야

만 밥상 높이가 내 앉은키와 맞았다. 아버지는 막내가 제일 불쌍하다며 앞으로 볼 수 있는 시간이 적다며 생선 가시를 발라낸 살코기를 밥과 숟가락 위에 올려주셨다. 아무래도 어머니가 차린 아버지의 귀한 밥상을 가장 많이 받았지 싶다. 고집 센 내가 밥을 잘 먹거나, 간단한 심부름 한 가지만 잘해도 작은 내 머리를 쓰다듬어 주시던 아버지의 큼직한 손이 닿았던 그 느낌이 남아있다.

시커먼 쇳덩이로 철분 해결이 되지 않자 이십 대 청년 개빈 암스트롱이 나섰다. 그는 영양 부족으로 질병에 노출된 사람들에게 쇠를 물고기 모양으로 찍어 '럭키 아이언 물고기[Lucky Iron Fish]'를 만들어 나누어주었다. 쇠물고기는 살아서 헤엄치는 붕어가 아니다. 재활용 고철을 녹여 우리나라 붕어빵과 같은 7.6㎝ 쇠물고기를 틀에 찍었다. 모양만 바꿨을 뿐인데 쇳덩이에 대한 거부감이 줄어 음식 재료와 함께 끓여 먹게 되니 하루 철분 섭취량이 쉽게 해결되었다. 빈혈 증세는 반 이상 없어졌다. 젊은 청년은 쇠물고기를 저렴하게 공급하고자 사회적 기업까지 만들어 건전한 성공을 이루었다고 할 수 있겠다.

예부터 우리도 쇠와 물고기에 퍽 친근한 문화가 있었다. 수로왕과 허황후가 탄생한 가락국의 철기문화 역시 흥미롭다. 김해박물관에서 흔히 보는 갑옷과 투구, 덩이쇠, 청동거울 등은 철을 매개로 동아시아 교류의 중심 역할을 한 가야 철기 문화이다. 수로왕의 영혼을 모신 능침인 납릉정 문의 화반 위에 두 마리의 물고기가 마주 보고 있는 신어상(쌍어문)이 새겨져 있다. 쌍어문은 고대 바빌로니아인들이 물고기를 인간을 보호하는 영특한 존재로 여겨 사용하던 문장이다. 또한, 파평 윤尹씨의 시조 윤신달을 구해주었다는 전설도 있다. 적을 피해 달아나다 강가에 이르자 거짓말같이 잉어들이 나타나 물고기 다리를 만들어 윤 장군의 목숨을 구했다는데 황당하지만, 후손들은 사실로 믿고 지금까지 잉어를 함부로 대하지 않는다. 그러고 보면 쇠는 시대를 아우르며 생명의 물고기로 여기고 있지 않은가.

쇠물고기와 가장 비슷한 원리를 가진 것이 무쇠솥이다. 솥은 선사시대 청동 · 철기 시대 이후 쇠를 주재료로 했고,

고려 시대에 철 솥이 있었다는 기록이 남아있다. 조선 시대에 '가마점'이라는 풍속도에 용광로와 풀무질 모습, 쇳물을 받아 거푸집에 주조하는 전 과정이 담겨있어 현재 전승한다. 가마솥 뚜껑이 무거워야 공기가 새지 않고 끓는점이 올라간다. 무쇠에서 나온 철분이 밥에 스며들어 철분 함량이 높아지니 오래된 가마일수록 쇠 성분이 섞여 밥맛도 좋아 우리 건강을 지켜주었다.

과거의 부모는 아침저녁 밥상머리 교육으로 밥과 반찬을 골고루 먹으라는 잔소리 아닌 명언을 남겼다. 흔히 철이 부족할 때 쉽게 비타민이나 철분 함량이 높은 영양제를 찾는데 일시적으로 빈혈을 해결하기보다 음식을 제때 섭취하는 것이 우선이지 않을까. '혼'자가 유행하여 혼자 밥 먹는 아이의 숟가락 위에 작은 반찬을 올려주는 아버지의 손길이 그리워지는 시절이다.

빈혈 방지를 위해 영양제를 찾기 전에 빈혈 치료 근본을 식생활에서 찾는 것이 어떠한가. 바쁜 우리 현대인은 먹기 위해 사는가, 살기 위해 먹는가를 말하기보다 먼저 가족 구성원이 좋아하는 음식을 찾아 서로 시간을 맞추려는 정성이 필요하다. 밥상 위에서 가족의 정을 느끼고 사랑을 나누며 건강을 지켜내려는 공통점을 찾아야 한다.

내 키가 쭉쭉 자라던 그때, 어머니는 아버지 밥상을 따로 차리지 못했다. 아버지는 하늘나라로 소풍을 가셨기에.

행운유수

새봄입니다. 누구나 봄이 되면 어떤 일을 시작하려고 준비하지요. 당신 역시 올해는 이렇게 살았으면 좋겠다며 고사성어 하나를 신중하게 선정합니다. 행운유수行雲流水. 구름과 물같이 거스르지 않고 유유히 움직이는 모양에 마음이 유쾌하고, 글을 짓거나 말을 하는데 술술 풀려 막힘이 없이 잘 나간다는 여러 뜻이 있어 마음을 사로잡았습니다. 희망의 봄과 어울리는 말이라 더욱 설렙니다.

겨울바람에 봄은 잔뜩 움츠렸습니다. 한 달에 이틀이 부족해서 달아나기 바쁜 이월에 당신은 오래전에 준비한 인생 바구니를 들여다봅니다. 거기에 담아놓은 열흘 동안의 여행을 위해 할 일을 앞당겨 꿀벌처럼 부지런히 날아다닙니다. 삼월이면 우리 땅보다 따뜻한 곳, 아니 한여름처럼 덥다는 인도로 갈 거라고 기대하고 있었지요.

어느 날, 버스에서 내리다 몸이 느린 할머니를 밀치지 않으려 급하게 방향을 트는 바람에 종아리가 뜨끔했습니다. 아, 인대 파열이라네요. 황당하게 며칠을 꼼짝 못 하고 누워 지냈습니다. 천천히 움직였더라면 깁스하는 일은 없었을 터인데 어이없이 절뚝거리는 신세가 되고 말았습니다그려. 그나마 뼈가 부러지지 않아 천만다행이라 위로합니다. 당연히 여행은 취소되었지요. 아무래도 당신이 바라는 행운유수는 아닌 것 같습니다.

여행은 사람을 들뜨게 한답니다. 당신 마음이 억지를 쓰며 먼저 인도에 도착하더라도 다리가 묶였으니 다닐 수야 없지 않겠습니까? 시간이 지나야 회복된다는데 혼자 다리를 만지며 분통을 터트려 본들 어찌할 도리가 없습니다. 이제껏 당신은 어디로 떠나고 싶다고 욕심낸 적이 없었습니다. 해외로 나가려 안달을 부린 적도 없었고요. 단지 생로병사의 깨달음을 구한 부처佛의 길을 따라 걷고 싶었을 뿐이었지요. 성지순례하러 가야겠다는 생각만 했는데 그 귀한 기회가 이 봄에 찾아왔건만 아직은 적절한 때가 아닌가 봅니다.

여행을 가려면 시간과 건강과 경제력이 어우러져야 한답디다. 어디로 떠날 때는 마음의 준비도 있어야 하지요. 과거의 당신은 시간이 부족했고, 오늘의 당신은 건강이 따라주지 못해 물거품이 되었습니다. 근육 통증은 마음의 통증으로 전이되어 아리고 슬픕니다. 병원비보다 교통비가 더 무서운 날이 계속될 때 속으로 중얼거려본답니다. 당신에게 행운유수는 그야말로 사치를 부르는 말인가 하고요.

그나마 인도를 가지 못한 일주일 동안 당신을 찾는 사람이 많았습니다. 공모전에 낸 수필 한 편이 저렴하게 팔렸다네요. 공부에 큰 재능이 없던 제자가 무사히 대학 입학을 했답니다. 첫 직장을 옹골지게 들어갔다는 지인의 전화를 받았고, 첫 월급을 탔다며 밥을 사겠다는 문자는 여행을 갔더라면 제때 알지 못했을 소식이겠지요.

시간은 되돌아가지 않습니다. 되돌릴 수 없는 당신의 시간 중에 다리가 부실했기에 축하로 번지는 환한 소식들이 오히려 전화위복轉禍爲福이라 여깁니다. 더구나 꿈이 좋아 구매한 로또 한 장이 3등 당첨되는 일은 더더욱 없었을 테지요. 이 모든 일이 불과 일주일 사이에 생긴 일이랍니다. 그러고 보면 우리네 인생이 어디서 꼬일지 그리고 또 어디에서 풀릴지는 알 수 없는 일이라 여겨집니다.

과연 우리는 일 년 삼백육십오 일 중에 얼마만큼의 시간이 행복하다고 말할 수 있을까요? 하루 정도, 아니면 일주일, 혹시 한 달 정도는 될는지요. 분명 당신은 일 년의 절반 이상을 행복하다 여기며 살아갈 사람입니다. 이 정도는 충분히 살만하다고 대답할 겁니다.

생긴 대로 사는 것이 답일 수 있겠지요. 겨울이 자연스럽게 봄으로 바뀌는 시간입니다. 얼마 있지 않아 다리 깁스를 풀면 나뭇가지에 물오르는 연두 잎처럼 종아리 근육에 힘이 솟겠지요. 잠시 보관해 둔 인생 바구니에는 다음에 떠날 여행이 남아 있습니다. 또다시 건강한 몸과 마음을 준비해야겠습니다. 더운 기운이 흐르는 인도를 언제 유유히 걷고 있을지는 아무도 모를 일입니다.

당신이 선택한 행운유수. 사방이 온통 막혀도 자연스럽게 뚫고 나가보렵니다.

수필로 조탁하는 삶의 성형과 실험의식

박양근(문학평론가, 부경대 명예교수)

열면서: 영혼의 성형작가

문학은 인간을 예술적인 언어로 묘사하고 해석한다. 학문이 인간의 욕망과 동기를 체계적이고 냉철하게 탐구하는 것이라고 정의한다면 문학은 인간을 심정적으로 이해하고 공감하는 글이라 하겠다. 문학을 인간학이라고 부르는 이유도 조그만 상처와 그 치유의 과정조차 다감하게 제시하기 때문이다. 수필 작가가 등장인물이면서 서술자가 되는 이유도 심적 동기와 외적 행동 사이의 일치성을 담보하기 때문이다.

남정언 수필가는 그 동질의 힘을 남다르게 인식하고 있다. 언어의 로고스를 지켜냄으로써 언어와 작가심리 간의 유기성은 물론 "영혼의 성형"으로서 창작정신을 투철하게 유지한다. 그 점은 그녀의 짧지만 인상 깊은 문학이력이 보여준다. 그녀는 2016년 《수필과비평》 신인상을 수상하면서 등단하였고 2017년 경북문화체험 전국수필대전에 입상하고 2018년에는 부산문화재단 창작지원금을 받았다. 매년 문학적 발전을 보여주고 있는 그녀는 스스로 글 감옥에 갇혀버렸다고 말하듯이 주변이 온통 언어의 숲으로 싸여있다. 천 번의 습작으로 대한민국서예대전에서 입선을 했던 때처럼 혼신의 힘으로 작품 활동을 거듭하고 있다.

첫 수필집 《그림책을 읽다》를 대하면 마리 보나파르트Marie Bonaparte가 말한 "문학은 그것을 만드는 사람의 꿈을 깊이 드러내는 구축작업"이라는 말이 떠오른다. 자신을 읽고 분석하고 언어로 디자인하는 글쓰기를 신성시하는 그녀에게 "잃은 것과 버린 것을 되살리는 길"은 오로지 "제 이름으로 만들어진 책 한 권 갖고 싶었던 꿈"을 이루는 것이다. 그녀는 그렇게 말하고 그렇게 믿고 있다. 〈작가의 말〉은 그 문여기인文如其人의 선언이랄까. 무엇보다 남정언의 수필집이 지닌 경이감은 순아한 성품에서 피어난 질긴 생의 꽃 같다는 사실이다. 그 힘이 있어 자아를 격조 있게 성형한 작품세계를 이루어내었다.

제1장: 꿈 좇기로서 간택한 수필

꿈과 현실은 반대일까. 그렇지 않다. 현실이 꿈이 되고 꿈은 다시 현실이 된다. '우리는 현실에서도 꿈을 꾼다.'라고 확신하는 남정언의 꿈도 현실과 이중주의 삶을 이룬다. 중학교 2학년 시절에는 현모양처가 되고 싶었고 국어 공부만큼은 전교에서 최고를 차지하고 싶었다. 성장하면서는 아이들에게 도움을 주고 자신이 좋아하는 길을 갈 수 있는 '조금 괜찮은 어른'이 되기를 소망했다. 중년에 이르러서는 마침내 '꽤 괜찮은 어른 작가'가 되는 꿈을 현실에서 이룬다. 〈

천 개의 수필〉은 수필로 쓴 자기소개형 자화상이다. 서두에서 '나이가 들면 책 한 권' 내고 싶다는 소망을 자신의 운명에 대한 소심한 복수라고 고백한다. 그 이유는 어릴 적부터 얼굴에 생긴 흉터 때문이다. 그래서 첫 번째 인생 목표는 죽지 않고 살아남는 것, 두 번째는 직업을 갖는 것, 세 번째는 "언제나 신나게 '쇼하라'"라는 주문을 거는 생이라고 밝힌다. 그 세 번째의 구체적인 목표치가 수필작가가 되는 것이다.

> 저는 참 행복합니다. 글밭에서 '잘나가는 작가'가 되고 싶은 잘나작 문우를 만났고, '마음의 눈'으로 들여다보며 귀한 '벗'을 찾았으며, 품위 있는 스승을 '오마주'하는 행운까지 누리고 있습니다. 글밭이 아니면 어디서 이런 호사로운 '여유'를 누릴 수 있을까요.
>
> – 〈천 개의 수필〉 일부

마침내 수필작가군에 동참하였다. 그런데 그녀에게 수필가가 되는 꿈은 심각하기보다는 즐겁고 여유롭고 신난다. 하지만 "호사스러운 여유"가 아니라 참으로 진지하고 성실한 노역이 깔려 있다. 경쾌하면서도 진중한 화술로 이어지는 작품들도 공통적으로 지닌 메시지는 '내 인생 최고의 성형'이라는 수필에 대한 자부심이다. 이처럼 그에게 글쓰기는 행복의 조건이면서 생활의 발견이므로 등단했을 때 받은 축하 꽃다발을 '이십육 년 만에 핀 꽃'으로 표현한다. 재미와 감수성이 어울린 언어감각과 은유가 남정언의 수필이 지닌 특징을 처음부터 보여주는 셈이다. 나아가 천수천안관음에 대한 경이감으로 "천 편의 수필"을 쓰겠다는 생의 목표도 그녀가 여러 시련을 어떻게 극복해주는가를 보여주는 예로써 부족함이 없다.

〈쇼하라〉는 낙천적인 유머와 실험 기법으로 짜인 작품이다. 〈천 개의 수필〉이 작가가 거쳐 온 글쓰기 발자취를 밝힌다면 〈쇼하라〉는 글 쓰는 자세를 실천적으로 펼쳐낸다. 드라마 배우의 성실한 연기와 젊은 엔터테인먼트 연기자의 활기를 동시에 연상시켜주는 하루 일과표는 자신에게 끊임없이 할 수 있다는 주문으로 이루어져 있다. "쇼를 하라!"라는 광고 문구를 반복적으로 패러디하는 가운데 매 단락마다 "나도 쇼해 보자. 쇼하는 엄마를 아들은 안쓰럽게 바라본다. 할 수 없다 계속 쇼하자. 매일 쇼를 해야 하는데 체력이 달린다. 언젠가 독립한 아들딸에게 쇼하라 외친다. 쇼하다가 SKY대학에 진학한 사례도 있다. 세상엔 공짜 쇼는 없는 법이다. 마지막으로 오늘도 쇼했다."처럼 반복적인 화성을 도입한다. '계속 쇼하자.'에서 시작하여 '오늘도 쇼했다.'로 마무리되는 서언은 끈기, 포부, 기대라는 자유의지를 담아 글을 마무리했을 때의 희열감을 행간에 채우고 있다.

〈그림책을 읽다〉는 표제작이다. 독서에 대한 애착이 남다른 남정언은 그림책이 지닌 효용성을 누구보다 높게 평가한다. 사람들은 그림책은 글자가 적고 해석의 여지가 많아 사람들의 생활습관을 교정시켜주고 지식과 지혜를 전해준다. 그의 독서지도 경험에서 비롯하는 그림책 예찬을 가정교육에 응용하기도 하는데 그 사례를 다음과 같이 밝힌다.

자연을 보듯 여백이 가득한 그림책을 읽으며 아이의 얼

> 굴에서 무자서無字書를 느낀다. 굳이 독서 대상 나이를 구분할 필요는 없다고 생각한다. 어려운 인문 사회 철학을 읽는 것이 바람직하고 두꺼운 책을 읽는 것도 모양새가 난다. 그러나 아이가 자라 학교를 졸업하고 어른이 되고 다시 할머니 할아버지가 되어도 그림책은 변함이 없다. 무엇을 하려는데 나이와 체면이 중요하지 않다고 본다.
>
> – 〈그림책을 읽다〉 일부

그래서 자신에게도 육아育我가 된 그림책을 '지금도 진지하게 읽는다.' 배움에 대한 진지성은 서예를 거쳐 수필에서 만개한다. 서예와 글은 사람을 생육시키는 도道라는 점에서 일치한다. 서예나 그림을 할 때처럼 수필을 쓸 때도 어깨의 힘을 빼야 한다. 〈오마주〉는 작가의 겸허한 수필론을 간접적으로 반영한 수필로서 심안을 빌려야 사람을 감동시키는 글이 된다는 견해를 밝히면서 그 실천의 예를 〈아망오我忘吾〉에서 보여준다. 그 점에서 두 작품은 이론과 실제로서의 쌍을 이룬다. 〈아망오我忘吾〉는 서예를 배울 때 스승의 글씨를 밀반출하여 천 장을 복사한 끝에 대한민국서예대전에 입선했던 일화를 소개하는 내용으로 몸에 흉터를 지녀야 살 수 있다는 운명에 대한 저항의 몸짓을 전해준다. 이런 자세를 갖춘 작가에게 집중력은 몰입 자체라는 표현이 더 적절할 것이다.

> 수필 쓰기는 마음을 치유하는 일이다. 가슴이 따뜻한 선생님께서 문학이 위로가 될 거라며 수필밭에서 끝까지 살아남기를 바란다고 하셨다. 마음이 몸의 노예가 되지 않도록 집중하고 몸은 글에 몰입해야 하리라. 오래 사랑하면 보일 터이고 보이면 느껴질 것이므로 천천히 그 속으로 들어가 보려 한다.
>
> ─ 〈아망오我忘吾〉 일부

남정언의 수필은 끊임없이 진화하고 발전할 수밖에 없다. 몸에 난 상처 때문에 한때 절망했지만 그림책 읽기로 자아를 다스리고 글 가르치기를 통해 배려심을 키우고 서예를 거치면서 몰입의 희열도 맛보았다. 이제 그녀는 자기애의 표현으로 수필을 선택하였다. 그 결과물로서 《그림책을 읽다》는 남정언의 삶을 투명하게 투사하는 만큼 꿈이 현실이고 현실이 꿈이 된 작가의식을 변증법적으로 체화해내었다고 하겠다.

제2장: '고븐' 인생과 기도의 응답

상처를 견디며 사는 사람은 아름답다. 마음의 상처처럼 몸의 상처도 생각 이상으로 견디기 힘들다. 여성의 경우, 얼굴 흉터는 생각 이상으로 감정을 예민하게 건드린다. 그 때 흉터를 어떻게 받아들이느냐에 따라 삶의 성숙도가 달라진다. 남정언의 이마에 난 상처도 적잖은 트라우마이지만 그녀는 상처를 이겨내기 위해 스스로 노력한다. 밝은 표정을 짓고 봉사를 하고 육체적 결점을 심리적 장점으로 바꾸려는 피나는 노력 끝에 그것을 '복된 탓'으로 변용시켜낸다.

신인 등단작 〈고븐 흉터〉는 세 살 무렵에 가진 이마 흉터를 '고븐 주름살'로 바꾸려는 꿈과 노력을 담아낸 자전성이 두드러진다. 상처를 인도인의 빈디와 부처의 수정백호에 비유하면서까지 긍정하려는 의욕이 '세상 이치와 지혜를 깨달으며 살아가라는 증표'로 삼는 인생론으로 발전한다. 이 때 "고븐"이라는 수식어와 "흉터"라는 명사가 합쳐 이루어 내는 기의는 신선한 파급력을 갖기에 충분하다.

> 얼굴 전체가 활짝 웃는 하회탈처럼 되도록 연습했다. 몸짓은 자신 있게, 마음은 당당하게 살겠다며 하루에 수십 번씩 눈빛 미소를 지었다. 일주일에 한 번은 자원봉사하겠다고 약속했다. 봉사활동은 밝은 미소를 실천하기에 더없이 좋은 환경이었다. 그렇게 세월이 지난 요즈음 내 얼굴을 본 사람들이 인상 좋다고 말한다. 마음 나누기를 한 나름의 노력에 결실이 이루어지나 보다.
>
> – 〈고븐 흉터〉 일부

상처는 사람을 겸손하게 만든다. 남이 만든 상처도 긍정적으로 여기면 간직하고 싶은 '고븐 주름살' 같은 장점이 된다. 마음이 나이에 맞추어 성숙해가는 인간은 어찌 보면 매일매일 몸과 마음을 성형하면서 살아가는 존재라고 볼 수 있다. 이 점을 깨친 작가가 바람직한 자아발전이 무엇인지를 밝혀낸 수필이 〈최고의 성형〉이다.

외모에 대한 관심은 동서고금을 살펴보아도 어쩔 수 없는 인간의 본능이다. 요즈음 젊은이들은 몸짱과 얼짱에 관심이 많고 중년도 다이어트와 성형에 관심을 기울인다. 한때 체중으로 고민하였던 작가는 자기관리를 했던 과정에서 인간이 행할 최고의 성형이 무엇이냐는 질문을 얻는다.

> 최고의 성형은 나를 믿는 거다. 살이 빠지자 얼굴 주름이 부쩍 늘었다. 잡티도 보인다. 눈가와 입가에 주름을 없애야 하나. 아니면 사각턱을 브이라인으로 만들어야 하나. 겉모습에 천착해 스멀스멀 올라오는 과한 욕심의 기미와 잡티까지 지우고 싶은 마음이 가속페달을 밟기 시작한다.
>
> 안 되겠다! 이제 마음을 성형해야 할 차례다.
>
> – 〈최고의 성형〉 일부

최고의 성형은 마음의 성형이라는 답을 만든다. 그 바람직한 처방은 심적 여유를 갖는 것이다. 작가는 인대 파열로 병원에 입원했을 때 낙천적인 평정을 잃지 않으려 했다고 전한다. 경어체로 쓰인 병상일기인 〈행운유수〉는 그 체험을 기록한 것으로 봄날 병실에 갇혔지만 마음만은 여유롭게 가지려 했던 한때를 적고 있다. 일주일간 입원했지만 자신의 공모전 입상, 제자의 대학 입학, 취직한 지인의 반가운 소식 등을 들으면서 기쁜 한 주가 되었다. "인도 여행을 갔더라면 제때 알지 못했을" 거라고 위로함으로써 마음의 진통을 다스린 체험으로 '만사는 마음먹기'라는 주제를 구현해낸다.

마음을 조절하는 자기검열은 관상용 물고기의 생태를 소개한 〈코이의 법칙〉에서 재현된다. 이 작품은 공간 벗어나기가 아니라 주어진 공간에 제 몸을 맞추는 적응을 다룬 우화수필에 속한다.

> 그녀는 한 마리 코이다. 그녀는 세상의 잣대로 공간을 구분하며 틀에 갇힌 삶이 싫었다. 가족이라는 어항이 힘들었다. 책임과 의무를 강요받지 않는 연못으로 도망치고 싶었다. 어떤 한계라는 기준 설정은 의미가 없으므로 탈출을 감행한다. … 앞으로 전진하며 성을 지키기란 쉽지 않다고 벌써 눈치챘으므로 이제는 연못에 적응하며 살아간다. 어항이냐 연못이냐 강물이냐가 문제가 아니라는 걸 알아내었다. 그녀는 두려움 없이 가뿐하게 뛰어넘는 자유로운 코이처럼

살기를 바랄 뿐이다. 모든 경계에 꽃이 피었고 새로운 삶이 시작되었다.

– 〈코이의 법칙〉 일부

작품을 끌고 가는 동력으로서 모티프는 탈출과 적응이다. 나아가 공간은 어항, 돌확, 연못, 강으로 확장시킨다. 이로써 코이가 주어진 영역에 적응하듯 인간도 희망을 품으면 '어떤 인생이든 살아볼 만하다.'는 주장이 설득력을 얻는다. 삶의 영역은 물리적 공간이 아니라 심리적 공간이라고 믿는 작가는 '고된 삶을 지탱해 주는 희망과 자유'야말로 '그녀의 법칙'이라는 자세를 당당히 밝혀나간다.

남정언의 삶을 버텨주는 두 번째 축은 기도이다. 기도가 절대자라는 제 편 찾기라면 조건 없는 도움을 베풀어주는 절대자가 인간이 바라는 신의 모습이다. 기도의 대상은 신만이 아니라 때로는 갓바위, 고목 외에 하늘이나 산사 등도 포함된다. 삶이 힘들거나 원하는 바가 있을 때마다 산사를 찾는 작가는 산을 오르는 것도 기도로 여긴다. 그의 불심이 뚜렷하게 투사된 〈God바위 할아버지〉는 작가의 소망이 반영된 첫자리를 차지한다. 좋은 사람과의 인연과 글과의 인연과 가족의 행복과 건강을 원하는 그녀는 '마음의 연등'이 되어 절 탑을 지켜본다. 이때 연등은 절대자에게 마음을 비치는 상징이면서 염화시중의 미소를 나누는 매체로 간주된다. 갓[God]바위부터 듣고 싶은 전언도 "자신을 믿고 하고 싶은 대로 해 보라."는 격려이다.

이런 믿음은 한가윗날 봉정암에 오른 순례를 다룬 〈1,224m에서 보낸 편지〉에서 다시 펼쳐진다. 딸의 취직을 기원하는 모정이 캄캄한 새벽에 주먹밥 한 개만을 먹고 조용히 하산하는 빈 몸에 실린 가운데 작가는 생활을 "나를 이겨내는 고행의 산"에 비유하면서 "오르막과 내리막이 온전히 자신을 낮추는 기도"라는 명상적 언어를 얻는다. "삶은 언제나 기도"라는 생활의 발견을 이루고 기도란 자신과의 대화임을 간파한 점에서 선禪수필의 범주에 넣을 만하다.

작가는 현실생활로 내려오는 자신을 연을 통해 가족과 묶는다. 그녀의 인연이 불심에서 부모의 연으로 내재화하는

가운데 〈탯줄〉로써 어머니, 본인, 딸의 관계를 잇고 〈어렵게 만나다〉로서는 아버지를 찾는다. 아버지의 흔적을 찾아 대마도로 떠나는 기행은 연어처럼 아버지에 대한 회상의 시점으로 거슬러 오른다.

> 아버지가 보고 싶다. 내 기억 속의 아버지는 언제나 쉰아홉이다. 일곱 살이었던 나는 머리가 희끗희끗한 아버지 손을 잡고 초등학교에 입학하러 갔다. 저녁에는 필통에서 연필을 꺼내 사각사각 연필꽃을 피워주셨던 아버지와 어머니. 아침마다 학교 다녀오겠다며 큰 소리로 인사했던 딸에겐 희망이 넘치는 봄이었건만 아버지와 나의 인연은 정해져 있었다.
>
> – 〈어렵게 만나다〉 일부

죽음은 인연의 끈을 자른다. 죽은 자의 시간은 흐를 수 없다. 그러나 문학적 상상은 쉰아홉의 아버지를 소생시키고 일곱 살 소녀의 그리움을 다독여준다. 문학이 인간에게 베푸는 상상의 혜택을 빌어 작가는 망각했던 인연을 되살려내는 것이다.

수필가로서 작가는 '글이 사람이다'라는 본질을 취한다. 시련을 긍정하고 자신의 노력을 절대자의 도움에 의탁하는 가운데 봉사와 글 나누기를 실천한다. 이런 자세는 최고의 성형은 자신을 믿는 것이라는 내용으로 요약된다. 그럼으로써 평소의 긍정적이고 진취적인 생활관은 《그림책을 읽다》를 "마음 책을 내다"로 발전시킬 수 있었다.

제3장: 작가적 지평과 실험수필

21세기는 IT에 의한 변혁의 시대이다. 문자언어가 전자언어로 교체되고 종이에서 컴퓨터로 변천하는 문화 현상은 자연스럽게 문학의 내용과 형식에도 충격을 주었다. 인간의 경험과 오감을 소통시키는 미디어 매체로서 문학도 시대에 부응하는 능동적 실험을 외면하기 어렵다. 젊고 진취적인 작가일수록 내용과 형식에서의 문학영역을 확장하여 문학적 입지를 개성화하는 것은 당연한 의무이자 권리라 하겠다.

수필, 에세이의 원뜻은 "실험하다", "시도하다"이다. 몽테뉴가 고전산문 양식에 저항하여 개인의 지성과 감성을 표현하는 에세이라는 새로운 산문의 문을 연 후 에세이에 해당하는 한국 수필도 IT시대를 맞이하여 급변할 수밖에 없다. 아방가르드의 시인 에즈라 파운드는 문학을 '자기해방과 지평을 새롭게 하는 작업'이라고 했고, 러시아 형식주의자들도 '낯설게 하기'로서 대상의 참모습을 찾는 것이 필요하다고 했다. 이 주문에 주목한 작가 중의 한 사람이 남정언이라고 여겨진다. 그 점에서 남정언의 실험수필은 개성미학의 확장이면서 실험성을 구현하는 선도적 역할을 한다고 평가된다.

남정언 작가의 실험수필 사례는 기대 이상으로 다채롭다. 낯선 언어의 차용, 이모티콘의 도입, 이미지와 기호의 확장, 시 · 소설 · 드라마와의 퓨전, 장수필과 단수필, 영화 에세이, 서예 에세이 등의 장르 다양화, 화자의 변용들은 혼성과 횡단을 중요시하는 실험수필의 추세와 매우 일치한다고 하겠다.

무엇보다 사물의 의인화가 두드러진다. 예를 들면 〈소류지에서〉는 마을의 소류지와 당산나무를 남녀의 사랑에 대비시킨 장수필이다. 그 둘을 연인으로 서시화한 구조는 농경시절 조리마을의 농사를 지은 남정네를 나타낸다는 점에서 놀라운 작가의 낯설게 하기를 살필 수 있다. 사물에 인간의 생명과 피를 불어넣어 성인도 즐길 수 있는 동화식 기법은 흥미로운 실험사례로 간주될 만하다.

> 오늘도 사람들이 소류지를 찾는다. 백이십 년 넘게 한마을에 사는 연상연하 커플을 바라보며 걷고 있다. 연꽃이 절정인 여름날 당산정 참나무 그늘에 앉아 여유롭게 이야기꽃을 피운다. 살아가는 평범한 시간 속에 신선마을의 시원한 바람이 끼어들어 흡족한 사이로 만들어준다. 세상살이가 힘들수록 마주 보며 상처를 보듬고 서로 위로하는 둘레길에 나는 변함없이 서 있다.
>
> – 〈소류지에서〉 일부

기계화된 도시에 신화적 배경을 깔면 현실에서 불가능한 가능성이 이루어진다. 소류지를 연상연하 커플이 로맨스를 즐기는 배경으로 삼았던 작가는 이번에는 벚꽃이 만개한 쌍계사를 선택하여 두 남녀의 화해를 도모한다. 사물을 감성적으로 표현할 때의 효과를 응용한 작품이 〈26년 만에 핀 꽃〉이다. 이 작품은 쇼 하듯 살고, 치열하게 살고 자신을 위해 글에 골몰한 삶에 대한 반작용으로서의 여유를 기대하는 줄거리를 갖고 있는 세 가지 이야기를 모아놓은 옴니버스식 구성이 특징이다. '그'와 '그미'가 '그 & 그미'로 화해하는 작품의 줄거리는 결혼 26년 만에 신경전을 끝내는 사연을 드라마기법으로 재현한다. 작가는 26년 전 청혼했을 때의 추석날과 오십 나이를 넘긴 세월 간의 시간을 재생시키면서 두 등장인물을 근경으로 포착한다.

> 그는 '고븐 흉터'를 읽고 울었다며 미안하다고 용서해 달라고 했다. 세상에서 제일 쉬운 아버지 역을 제대로 못한 지난날을 용서해주기만 한다면 참말로 잘해보겠다고 한다. 밥을 같이 먹고 싶다면 밥을 먹고, 나들이를 가겠다면 함께 가고, 원하는 것을 모두 들어주겠다고 한다. 그의 간절한 눈빛이 마음으로 읽힌다. 그가 원하는 게 무엇인지 알기까지 26

년이 지났다.

– 〈26년 만에 핀 꽃〉 일부

그들은 26년 만에 서로에게 새로운 시선을 보낸다. 개인의 자존심이 중요한 것이 아니라 가족이 소중하다는 논거를 '그 & 그미'의 이모티콘으로 조합한 기법은 기존의 언어가 가진 한계성을 절감한 작가가 고안해낸 새로운 대화법임을 반영해 준다. 기존의 언어로 나름의 고민을 상대방에게 이해시키기가 어려우므로 작가는 '감각'이 시선의 본질임을 밝혀내기 위해 3인칭 화자를 도입한 것이다.

〈마음의 눈〉은 〈쇼하라〉처럼 서체의 변화를 꾀한 작품이다. 각 단락의 첫 문장을 볼드체로 기표하여 백내장 수술 덕분에 얻은 '새로 봄'의 경이감을 예찬한다. 그러면서 육안이 아니라 심안에 눈 뜬다는 2차적 상상을 강조하기 위해 '보인다, 다 보인다'라는 감탄조의 동사를 반복한다. 신생아의 눈으로 다시 태어난 작가는 육안이 지배한 과거에서 벗어나 "지혜로우면서 자유로운 삶"의 길로 나아가겠다고 스스로 언약한다. "내 마음을 활짝 열어본다."는 연역법으로 시작한 도입 구조도 남다르다.

〈독독독篤皾督〉과 〈잘나가는 작가〉는 네 마디로 이루어진 병풍형 구성을 특징으로 한다. 〈독독독篤皾督〉은 사계절로 시공을 설정하고 각 계절에 작가의 삶과 좌우명을 반영한다. '봄 재수'는 신년 대학입시 무렵의 사회상을 풍자하며 '여름 답장'은 무리한 사적 요구를 하는 친구에게 절연의 답을 보내는 내용이다. '가을 친구'는 사십 대의 공통 관심사인 건강문제를 거론하며 '겨울 사랑'은 새로운 출발을 다짐하는 자기애를 강조한다. 〈잘나가는 작가〉는 글공부를 통해 만난 문우 사이의 문인애, 여담, 동인지 발간, 바둑 두는 언니의 글쓰기에 관한 조언, 의기투합한 격려로 이루어진다. 이들 작품이 택한 하이퍼텍스트 형식은 일반 수필이 지닌 평면 구도의 한계성을 극복하고 다채로운 정보를 동시에 제공해 준다는 점에서 전망이 밝은 실험수필에 속한다. 그 외에 동리와 목월 간의 우정을 인유하고 시와 수필의 퓨전을 실험한 수필 〈벗〉, 영화 〈두 번째 겨울〉을 각색하여

인간의 절박한 삶을 낡은 보일러로 형태화한 〈보일러 소리〉는 몸의 성형처럼 형식적 변용의 사례로서 제시할 만하다.

남정언의 수필은 작품마다 새로운 지평을 모색한다. 낯선 실험정신으로 자기만의 문학세계를 구축하고 나아가 향기로운 삶을 이룬 수필시학을 보여준다는 점에서 다른 작가들에게 미래지향적인 좌표가 되리라는 점은 너무나 분명하다.

덧붙여: 냉정과 열정의 무대 뒤

남정언의 《그림책을 읽다》는 생의 아픔과 찬란함을 함께 담아낸 서사의 전범이다. 작가로의 입신이라는 꿈과 고운 감성을 지키며 살겠다는 소박한 희망이 논리적 사유와 정치한 문장으로 직조되면서 인간 보편적인 희로애락과 변신을 담아낸다. 개인의 생활발견으로 인간이 이루어내고 싶은 보편적 욕망을 표현하기는 생각처럼 쉽지 않다. 그럼에도 작가는 "흉터", "쇼", "즐거운 전언", "보인다", "기도"라는 중심어들을 "고븐 심성의 작가"라는 의미망에 구슬처럼 엮어 작가만의 영혼의 자화상이자 삶의 증명사진으로 펼쳐냈다. 작가의 수필을 읽어낼수록 언어의 문진이라고 여길 수밖에 없는 이유는 사수필부터 실험수필에 이르기까지 폭넓은 스펙트럼 자체가 "난 수필작가가 되겠다."는 뫼비우스의 끈을 공유하기 때문이다.

남정언의 삶은 수필을 만난 후 더욱 깊어지고 풍요로워지고 있다. 무대 위의 쇼는 무대 뒤의 처절한 노력과 열정이 있어야 성공한다. 그 조건을 알지 못하면 좋은 독자와 좋은 관객이 될 수 없다. 남정언의 문학이 진정한 쇼인 이유는 보여주기 위한 글이 아니라 자기 극기의 연기로서 문학적 몸부림이기 때문이다. 이처럼 꿈을 이루어가는 그녀의 의지와 열정은 마치 문학의 신으로부터 영적 열쇠를 받아 천 개의 수필 창작을 이루려는 순례를 연상시켜준다. 그 꿈에 대한 작가적 진정성이 그녀의 삶을 지켜주는 탄탄한 둑이 된다. 《그림책을 읽다》를 실존적 냉정과 열정을 구현하는 메모랜덤으로 평하는 근거가 여기에 있다.

남정언 수필집

그림책을 읽다

인쇄 2018년 11월 8일
발행 2018년 11월 15일

지은이 남정언
발행인 서정환
펴낸곳 수필과비평사
주소 서울시 종로구 삼일대로 32길 36(익선동 30-6 운현신화타워 빌딩) 305호
전화 (02) 3675-3885 (063) 275-4000 · 0484
팩스 (063) 274-3131
이메일 shina2347@naver.com essay321@hanmail.net
출판등록 제300-2013-133호
인쇄 · 제본 신아출판사

ISBN 979-11-5933-185-5 03810

값 13,000원

이 도서의 국립중앙도서관 출판시도서목록(CIP)은 서지정보유통지원시스템 홈페이지(http://seoji.nl.go.kr)와 국가자료공동목록시스템(http://www.nl.go.kr/kolisnet)에서 이용하실 수 있습니다.(CIP제어번호: CIP2018035331)

Printed in KOREA

※ 이 책은 2018년 부산광역시, 부산문화재단 지역문화예술 특성화지원사업의 지원을 받았습니다.